WILDROMANTISCHES WALDNAABTAL

Wolfgang Benkhardt / Siegfried Steinkohl

Wildromantisches WALDNAABTAL

AUS DER REIHE STEINREICH

Bibliografische Information Der Deutschen Bibliothek

Die Deutsche Bibliothek verzeichnet diese Publikation in der Deutschen Nationalbibliografie; detaillierte bibliografische Daten sind im Internet über http://dnb.ddb.de abrufbar.
ISBN 978-3-95587-086-7

Für uns, die Battenberg Gietl Verlag GmbH mit all ihren Imprint-Verlagen, ist Nachhaltigkeit ein wichtiger Teil unserer Unternehmensphilosophie. Daher achten wir bei allen unseren Produkten auf den Einsatz umweltschonender Ressourcen und Materialien.
Dieses Buch wurde auf FSC®-zertifiziertem Papier gedruckt. FSC (Forest Stewardship Council®) ist eine nicht staatliche, gemeinnützige Organisation, die sich für die verantwortungsvolle und ökologische Nutzung der Wälder unserer Erde einsetzt.

Unsere Partnerdruckerei kann zudem für den gesamten Herstellungsprozess nachfolgende Zertifikate vorweisen:
- Zertifizierung für FOGRA PSO
- Zertifizierungssystem FSC®
- Leitlinien zur klimaneutralen Produktion (Carbon Footprint)
- Zertifizierung EcoVadis (die Methodik besteht aus 21 Kriterien in den Bereichen Umwelt, Einhaltung menschlicher Rechte und Ethik)
- Zertifikat zum Energieverbrauch aus 100 % erneuerbaren Quellen
- Teilnahme am Projekt „Grünes Unternehmen" zum Schutz von Naturressourcen und der menschlichen Gesundheit

Motive auf der Rückseite:
Tischstein im Waldnaabtal, Alte Blockhütte,
Burg Falkenberg und Wasserrad bei der Blockhütte.

1. Auflage 2021
ISBN 978-3-95587-086-7

www.battenberg-gietl.de

Vorwort

DEM REIZ DES WALDNAABTALS KANN SICH KEINER ENTZIEHEN

Das im Nordosten Bayerns gelegene Waldnaabtal ist eines der schönsten Naturschutzgebiete der Region. Der Faszination des Flussdurchbruchs, den viele schwärmerisch aufgrund seiner Entstehungsgeschichte sogar als „Grand Canyon der Oberpfalz“ bezeichnen, kann sich keiner entziehen. An der Nahtstelle der Grenzlandkreise Tirschenreuth und Neustadt an der Waldnaab haben auf rund zwölf Kilometern Länge die ebenso geduldigen wie gewaltigen Kräfte der Natur eine mystische Wunderwelt aus Wasser, Wald und Stein geschaffen, die vielen vom Aussterben bedrohten Arten eine Heimat bietet.

Zwischen bis zu vierzig Meter hohen Granitriesen, die eindrucksvoll die typische Wollsackverwitterung des Urgesteins vor Augen führen, bahnt sich die Tirschenreuther Waldnaab mal sanft plätschernd, mal wild schäumend und tosend ihren Weg zur Naab, die später über die Donau im Schwarzen Meer mündet. Um die bizarren Steingebilde, die der Fluss im Laufe von Jahrmillionen geformt hat, ranken sich eine Menge Sagen, die von versunkenen Burgen und bewegenden menschlichen Schicksalen erzählen, wie dem des „Tapferen Geigerleins“, das im Tal den Tod gefunden und in schaurig schönen Nächten dort aufspielen soll. Felsnamen wie Kammerwagen, Butterfass, Amboss, Nymphenstein und Teufelssitz lassen erahnen, wie sehr das Waldnaabtal seit Menschengedenken die Fantasie beflügelt.

Eine Attraktion bei den Kindern ist neben dem Wasserrad bei der Blockhütte der Uferpfad, der über Stock und Stein führt. Bei ausreichendem Wasserstand ist das Tal selbst für Kanuten einen Ausflug wert. Kulinarisch hat das gut erschlossene Naturschutzgebiet ebenfalls seinen Reiz, verbindet es doch die urigen Zoiglstuben der Kommunbrauorte Windischeschenbach, Neuhaus und Falkenberg miteinander. Zudem liegt inmitten des Tals bei der von Kastanien gesäumten Blockhütte einer der schönsten Biergärten der Oberpfalz. Genug Gründe also für einen Besuch.

Fotograf Dr. Siegfried Steinkohl hat mit seiner Kamera nicht nur die bekannten Plätze des landesweit bedeutenden, 183 Hektar großen Naturschutzgebiets mit seiner Tier- und Pflanzenwelt in atemberaubenden Aufnahmen zu allen Jahreszeiten festgehalten, sondern ist mit seiner Kamera auch einmündenden Nebenflüssen und -bächen gefolgt und stellt Ausflugsziele wie das Geo-Zentrum an der Kontinentalen Tiefbohrstelle (KTB) und die Burgen Falkenberg und Neuhaus mit ihren Ausstellungen und Sammlungen vor. Das Buch macht damit einfach Lust darauf, das Waldnaabtal zu Fuß oder mit dem Fahrrad zu erkunden.

„Fliegender Edelstein“ wird er auch genannt, der Eisvogel. Er ist einer der schönsten schillernden einheimischen Vögel.

Idealisierte, altertümliche Wanderkarte über das Naturschutzgebiet. Die Karte macht deutlich, dass es im Tal viel zu entdecken gibt.

Inhaltsverzeichnis

Teufelskralle

Wasserrad an der Blockhütte

Weibchen der Blutroten Heidelibelle

Teufelskralle und Perlmuscheln

Das Waldnaabtal – ein Eldorado für seltene Tiere und Pflanzen

Viele Wege führen ins Waldnaabtal. Das Naturschutz- und Naherholungsgebiet an der Grenze der Landkreise Tirschenreuth und Neustadt a. d. Waldnaab ist gut erschlossen und seit dem Bau der Autobahn A 93 von vielen Gebieten aus schnell zu erreichen. Direkt oder ganz in der Nähe der Anschlussstellen Falkenberg und Windischeschenbach/Neuhaus gibt es Wanderparkplätze, von denen aus man den Wundergarten der Natur erkunden kann.

Seit 1950 ist ein Teil des Tals unter Naturschutz gestellt. Das 183 Hektar große Schutzgebiet erstreckt sich über einen rund sechs Kilometer langen Abschnitt des Flusses zwischen Falkenberg und Windischeschenbach. Es beginnt kurz nach der Hammermühle und endet ein Stückchen nach der Einmündung des Frombachs in die Tirschenreuther Waldnaab. Zur Waldnaab wird der Fluss übrigens erst ein paar Kilometer weiter bei der Einmündung der Fichtelnaab.

Rund 153 Hektar des Naturschutzgebietes liegen im Landkreis Tirschenreuth und 29 Hektar im Landkreis Neustadt an der Waldnaab. Das ungemein vielgestaltig strukturierte Tal hat als Lebensraum gefährdeter Tierarten landesweit eine ganz besondere Bedeutung. Wer das Waldnaabtal besucht, sollte deshalb genügend Zeit einplanen. Und das nicht nur wegen des wunderschön gelegenen, einladenden Biergartens bei der Blockhütte in der Mitte des Talraums (wer einkehren will, sollte sich vorab über die jahreszeitlich wechselnden Öffnungszeiten informieren). Es gibt im Tal eine Menge zu sehen, zu hören, zu riechen und zu fühlen. Wer die Einladung annimmt, wird schnell feststellen: Das Waldnaabtal ist ein Erlebnis für alle Sinne.

Das Naturschutzgebiet Waldnaabtal liegt direkt zwischen den beiden Naturparken Steinwald und Nördlicher Oberpfälzer Wald. Es ist damit einer jener wertvollen Trittsteine, auf denen seltene Tiere und Pflanzen überleben konnten und von denen sie sich einst angestammte Lebensräume wieder zurückerobern können.

Da ist zum Beispiel der schillernde Eisvogel, der an geeigneten Stellen in steile Wände seine Brutröhren gräbt und im klaren Wasser des Flusses auf Fischfang geht. Oder der Biber, der vor vielen Jahren den Flussraum zurückerobert hat. Über dem Wasser gleiten majestätisch schillernde Libellen durch die Luft. Auf Waldwiesen kann man seltene Schmetterlinge entdecken. Auch Rauhfuß- und Sperlingskauz sowie der rar gewordene Uhu sind im Waldnaabtal heimisch. Blumen wie Arnika, Teufelskralle und Türkenbundlilie recken ihre Blütenköpfe der Sonne entgegen. An einigen Stellen kann man an Hängen sogar die eher aus alpinen Gebieten bekannte Alpenrose entdecken. Viele andere Bewohner, wie Feuersalamader, Spechte und Schwarzstorch, bleiben meist unentdeckt. Unter den verborgenen Bewohnern ist auch die vom Aussterben bedrohte Flussperlmuschel, die früher hier gezüchtet wurde. Perlen erzeugen übrigens nur die wenigsten Exemplare.

Ein Bild von Ferdinand Windschiegl, er wird auch „Vater des Waldnaabtals“ genannt.

Im Wasser ziehen umspülte Felsblöcke im Flussbett die Blicke auf sich, begleitet von bizarren, steil aufragenden Granitriesen am Wegesrand, die sich in ruhigen Abschnitten in der Waldnaab spiegeln. Die geduldigen Kräfte der Natur haben diesen Wundergarten der Natur aus der Falkenberger Granithochfläche herausmodelliert. Sie haben dabei viele einzigartige Geotope wie das Butterfass oder den Kammerwagen geschaffen.

Auch der Fluss ändert ständig seine Gestalt. Mal sanft plätschernd, dann wieder wild schäumend arbeitet sich das Wasser unermüdlich durch das Tal. Welch gewaltige Kräfte in der Waldnaab schlummern, lässt sich bei Niedrigwasser anhand der Erosionsspuren an Flusssteinen wie dem Amboss oder den zahlreichen Strudellöchern im Fluss erahnen.

Das Waldnaabtal ist mit zahlreichen Wegen gut erschlossen. Gute Ausgangspunkte sind die Wanderparkplätze am Marktplatz und bei der Hammermühle in Falkenberg (3,7 Kilometer bis zur Blockhütte), der Pendler- oder der Wanderparkplatz bei der Jugendherberge Tannenlohe (direkt neben der Autobahnausfahrt Falkenberg, 3 bzw. 3,3 Kilometer bis zur Blockhütte), bei Ödwalpersreuth (800 Meter bis zur Blockhütte, aber teilweise sehr steil), der Uferwegparkplatz zwischen Windischeschenbach und Bernstein (4,5 Kilometer bis zur Blockhütte, der Parkplatz Sandgrube (nach der Autobahnausfahrt Neuhaus/Windischeschenbach in Richtung Tirschenreuth, 5,4 Kilometer bis zur Blockhütte) und der Parkplatz beim Haus Johannisthal (7,3 Kilometer bis zur Blockhütte). Wer eine weitere Strecke nicht scheut, kann auch vom Stadtplatz Windischeschenbach aus aufbrechen (10,5 Kilometer bis zur Blockhütte).

Es sind etliche Wanderwege in und durch das Tal ausgeschildert. Der bekannteste ist der 2007 eröffnete Prädikatswanderweg Goldsteig, der Marktredwitz mit Passau verbindet. Die dritte Etappe führt von Falkenberg nach Neuhaus am Fluss entlang direkt durch das faszinierende Naturschutzgebiet und ist damit ideal, um das Waldnaabtal kennenzulernen.

Ein kleiner Teil des Naturschutzgebiets liegt im Landkreis Neustadt a. d. Waldnaab, der größere im Landkreis Tirschenreuth. Und doch beansprucht der Landkreis Neustadt a. d. Waldnaab für sich, den „Vater des Waldnaabtals“ hervorgebracht zu haben. Der Neuhauser Ferdinand Windschiegl (1864–1942) erkannte frühzeitig den Wert und die Einzigartigkeit dieses Abschnitts der Tirschenreuther Waldnaab und setzte sich für die Erschließung und den Schutz ein. Von ihm stammt auch der Text des Waldnaabtal-Liedes, zu dem Christof Zehrer aus Windischeschenbach die Melodie schrieb. Windschiegl, der von 1917 bis 1930 auch Bürgermeister von Neuhaus war, hat zahlreiche Artikel und Texte für Zeitungen und Zeitschriften über das Waldnaabtal verfasst, um es bekannt zu machen. 1986 hat der Oberpfälzer Waldverein, den der „Windschiegl-Ferdl“ 1921 mit aus der Taufe gehoben hat, zur Erinnerung an ihn am Frombach, ganz in der Nähe des Burgstalls Altneuhaus, der ihm besonders am Herzen lag, ein Marterl aufgestellt.

Jahrzehnte nach dem Tod des „Waldnaabtal-Vaters“ hat der Name Altneuhaus übrigens dann doch noch relativ große Bekanntheit erlangt. Dafür verantwortlich ist der Windischeschenbacher Norbert Neugirg, der seine schräge Kabarett-Truppe „Altneihauser Feierwehrkapell’n“ nach dem Burgstall Altneuhaus benannt hat und nicht zuletzt durch die Auftritte beim Franken-Fasching in Veitshöchheim einem Millionenpublikum zum Begriff wurde.

Wie sehr der Talraum seit Menschengedenken die Besucher fasziniert, zeigen die unzähligen Sagen, die sich um dieses Gebiet ranken. Sie erzählen von versunkenen Schätzen, versteinerten Rittern, Riesen und Zwergen, keuschen Frauen und ruchlosen Räubern. Und natürlich treibt darin auch der Teufel sein Unwesen. Sogar einen Geisterchor und ein seltsames Orakel soll es im Waldnaabtal geben.

Ein viel besungenes Lied von Ferdinand Windschiegl ist das Waldnaabtallied, das seine Liebe zum Flusstal ausdrückt.

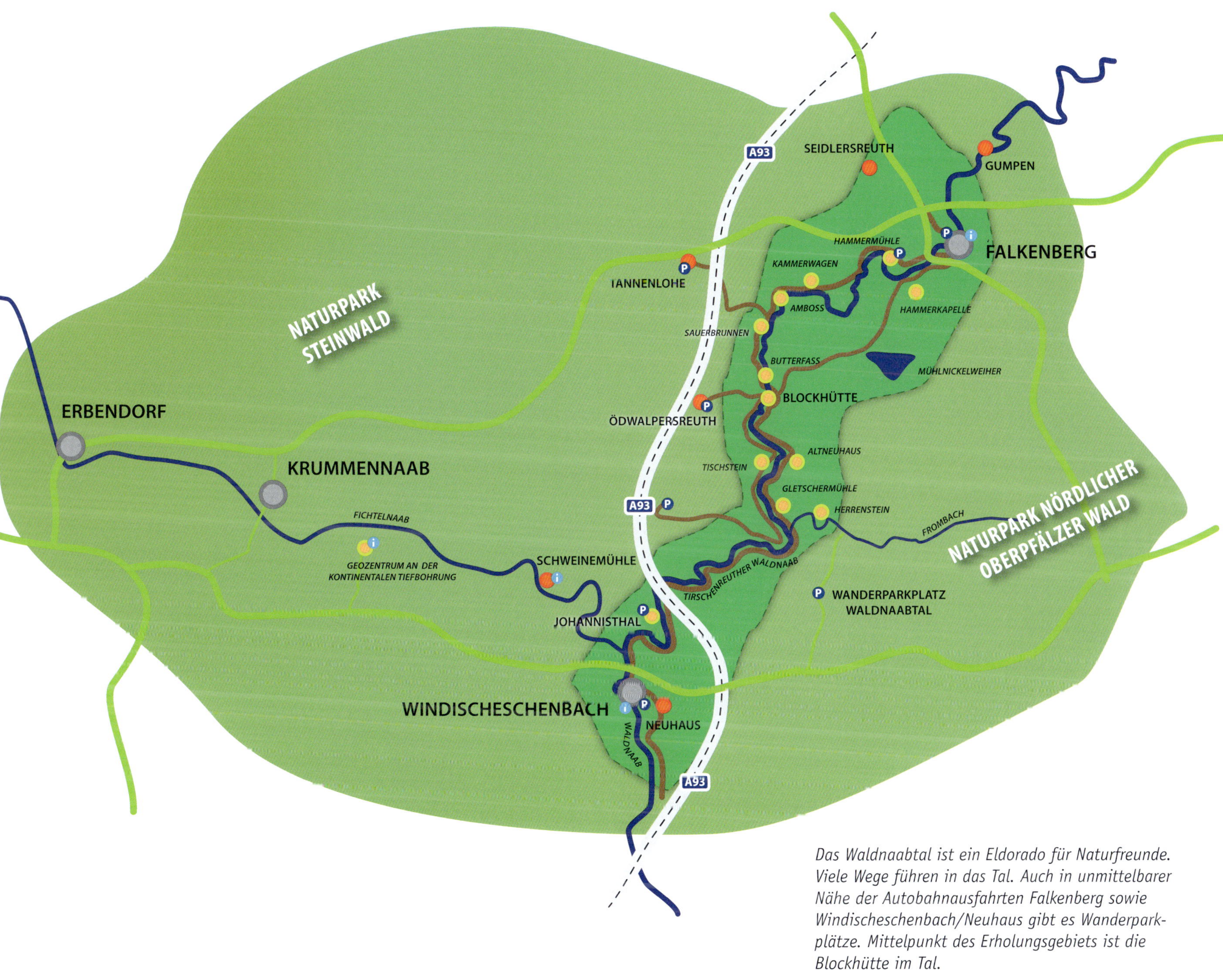

Das Waldnaabtal ist ein Eldorado für Naturfreunde. Viele Wege führen in das Tal. Auch in unmittelbarer Nähe der Autobahnausfahrten Falkenberg sowie Windischeschenbach/Neuhaus gibt es Wanderparkplätze. Mittelpunkt des Erholungsgebiets ist die Blockhütte im Tal.

GRANITRIESEN UND STRUDELLÖCHER

WALDNAABTAL – EIN ERGEBNIS DER GEDULDIGEN KRÄFTE DER NATUR

Über die Entstehung des Waldnaabtals streiten sich die Gelehrten. Sie sind sich uneins, ob das Tal bereits vor der Hebung des Gebirges da war oder der Fluss sich erst danach in die Tiefe gegraben hat. Vielleicht ist das Tal auch eine Kombination aus beidem. Einig sind sich die Wissenschaftler hingegen, dass man im Naturschutzgebiet wunderschön die verschiedenen Verwitterungsformen des Urgesteins sehen kann. Vor allem die sich auftürmenden Granitriesen am Wegesrand erzählen davon, wie vergänglich und zerbrechlich dieses Urgestein im Grunde doch ist. Wasser dringt in Ritzen vor, gefriert und sprengt dadurch Teile des Felsens ab. Fachleute bezeichnen das Ergebnis aufgrund der Ähnlichkeit mit aufeinandergetürmten Matratzen oder gefüllten Säcken auch als Matratzen- oder Wollsackverwitterung. Bizarre, faszinierende Felsformationen sind dabei entstanden. Sie tragen klangvolle Namen wie Kammerwagen, Teufels Butterfass oder Nymphenfelsen. Am schönsten und einfachsten kann man diese Verwitterungsform am Falkenberger Burgberg sehen.

Eine andere typische Form der Abtragung sind die Strudellöcher im Flussbett. kleine, zirkulierende Steine haben sich hier in die Tiefe gebohrt. Sie zeigen eindrucksvoll, dass nicht nur steter Tropfen, sondern auch stete Bewegung den Stein höhlt.

Experten gehen davon aus, dass die von den Kräften der Natur geformten Granitsteine im Tal vor etwa 300 Millionen Jahren aus Ablagerungen in der mittleren oder tieferen Erdkruste entstanden sind. In fünf bis zehn Kilometern Tiefe sind sie wohl bei Temperaturen über 600 Grad Celsius kristallisiert. Als sich das Grundgebirge östlich der Fränkischen Linie, einer markanten Verwerfungslinie, die von Kronach bis Weiden i. d. OPf. von Nordwesten nach Südosten durch die Region läuft, hob, drang das Urgestein in Richtung Erdoberfläche vor. Dann begannen Abtragung und Verwitterung ihr geduldiges Spiel, dem wir letztlich dieses kleine Paradies verdanken.

Wer mit offenen Augen durch das Waldnaabtal geht, kann noch heute in vielen Metern Höhe Hohlkehlen und andere Spuren des Wassers entdecken. Ein eindrucksvolles Zeugnis der Entstehung ist der Amboss-Felsen, der auf sechs Metern Höhe vom Wasser geschliffen worden ist. Eine Besonderheit des Falkenberger Granits ist es, dass die Feldspatkristalle im Gestein ungewöhnlich groß sind, viel größer als beispielsweise beim bekannten Flossenbürger Granit.

Das Waldnaabtal kündet auch vom Vulkanismus in der Region. Der Sauerbrunnen am Wanderweg zwischen Kammerwagen und Butterfass steht damit in Verbindung. Beim Durchdringen der Gesteinsschichten sorgt die Kohlensäure dafür, dass sich das Wasser mit Mineralien, Schwefel und Eisen anreichert. Es soll sich beim Säuerling im Waldnaabtal um die südlichste Quelle des bayerisch-böhmischen Vulkangebiets handeln, das auch die bekannten Quellen des böhmischen Bäderdreiecks Marienbad, Franzensbad und Karlsbad speist. Der Quelle im Waldnaabtal wird ebenfalls eine Heilwirkung nachgesagt. Doch Experten raten mittlerweile wegen fehlender regelmäßiger Untersuchungen vom Trinken ab. Zudem ist das Wasser wegen des hohen Eisen- und Schwefelgehalts nicht gerade wohlschmeckend.

Am Felsmassiv des Kammerwagens (links) wird die Kraft des Wassers sichtbar, welches sich über Millionen von Jahren in den Porphyrgranit der Falkenberger Masse gefräst hat.

Typisch für den Falkenberger Granit sind die großen Feldspatkristalle, die in eine Grundmasse von Feldspat, Quarz und Glimmer eingebettet sind. An der Anordnung der Kristalle lässt sich die Fließrichtung des flüssigen Magmas erkennen (oben links). In Mäandern schlängelt sich die Waldnaab durch das Tal (oben rechts). Auf dem Bild rechts unten ist an der Felsformation Kammerwagen die Wollsackverwitterung des Urgesteins zu sehen.

Im Flussbett der Waldnaab wechseln Abschnitte von lauten, wilden Stromschnellen mit ruhig dahinfließendem Wasser über Sandbänken ab, sogenannte „step and pool"-Sequenzen (links oben). Die Strudellöcher sind durch das jahrtausendelange Schleifen von Sand und Steinen in Felsmulden durch die Kraft des Wassers entstanden (unten links). Im Bereich des Butterfasses befinden sich besonders gefährliche Stromschnellen (rechts oben).

Zwischen der Gletschermühle und dem Johannisthal besteht die Möglichkeit, auf einer Brücke vom Uferpfad auf die andere Seite der Waldnaab zu wechseln.

WANDERWEG INS
WALDNAABTAL

Kammerwagen, Amboss und Butterfass

Von Falkenberg aus zu den Steinriesen im Waldnaabtal

Viele Wege führen ins Waldnaabtal. Einer der schönsten und beliebtesten ist zweifellos der am Fluss entlang von der Falkenberger Hammermühle zur Blockhütte. Der Weg vorbei an Kammerwagen, Amboss, Sauerbrunnen und (Teufels) Butterfass zur Blockhütte bietet jede Menge Highlights und macht deutlich, was die Tirschenreuther Waldnaab so besonders macht. Mal plätschert der Fluss sanft dahin, dann nimmt er Fahrt auf, zwängt sich durch Blockmeere, braust und schäumt der Naab entgegen. Fachleute sprechen hier von Steps und Pools, die den Fluss so abwechslungsreich machen und ihm ein einzigartiges Gepräge geben.

Einer dieser markanten Felsschwellen, über welche die Tirschenreuther Waldnaab „springt", ist die Felsengruppe Kammerwagen. Seinen ungewöhnlichen Namen hat die Granitformation von einer Sage. Ein Burgfräulein der versunkenen Burg Schwarzenschwal soll hier auf dem Weg zu ihrem Bräutigam mit Kutscher, Pferden und Aussteuerwagen zu Stein erstarrt sein. Der Fuhrmann soll wegen des unwegsamen Geländes laut geflucht und böse Verwünschungen ausgestoßen haben. Daraufhin erschien der Leibhaftige und ließ Wagen und Ross zu Stein erstarren. Wer einen passenden Platz hat und genau hinsieht, der kann in der Felsformation die Pferde und den Kammerwagen entdecken.

Weit weniger Fantasie ist nötig, um ein Stückchen weiter in einem gewaltigen, von Wind, Wasser und Wetter gezeichneten Felsen im Flussbett einen riesigen Amboss zu erkennen. Eindrucksvoll führt er vor Augen, welch gewaltige Kräfte hier bisweilen am Werk sind. Nach Ansicht von Fachleuten hat das Hochwasser diesen Stein modelliert.

Die vielleicht bekannteste Felsformation im Fluss ist ganz in Nähe der Blockhütte des (Teufels) Butterfass, das nach der Überlieferung nach einem Strudelloch benannt ist, in dem Riesen ausgebuttert haben sollen. Nach einer anderen Sage stecken auch in diesen Felsbrocken versteinerte Menschen und Tiere. Ritter Kuno von Falkenberg soll mit seinen Knappen einer Jungfrau nachgestellt haben. Als sie die „holde Maid" fast eingeholt hatten, stürzte sich die junge Frau mit den Worten „dass Gott mir gnädig sei" in die Fluten der Waldnaab. Als sie mit letzter Kraft das andere Ufer erreicht hatte, stellte sie fest, dass die Schreie der Verfolger verstummt waren. Sie blickte hinter sich und sah, dass Ritter Kuno und seine Knappen samt Pferden zu Stein erstarrt waren. Zum Abendleuten soll man dann und wann noch das Jammern und Klagen der Verfolger aus dem Flussbett hören. Geologen haben freilich eine ganz andere und viel plausiblere Erklärung für das Butterfass. Demnach sind die Felsen durch einen Steinschlag im Flussbett gelandet und dann vom Wasser geschliffen worden. Auch wenn es ungemein verlockend ist, auf den Felsen trockenen Fußes die Waldnaab zu überqueren: aufgrund der Rutschgefahr ist dies bisweilen lebensgefährlich.

Zwischen Kammerwagen und (Teufels) Butterfass passiert man auch den Sauerbrunnen. Die Kohlensäure, Eisen und Schwefel führende Quelle wird mit dem tertiären Vulkanismus in der Region in Verbindung gebracht.

Der aufmerksame Wanderer kann am Uferrand der Waldnaab zahlreiche Naturschätze entdecken. Der kunstvoll gestaltete Wegweiser Bild linke Seite macht Lust auf eine Wanderung ins Waldnaabtal.

Ausgehend vom Hammermühl-Parkplatz führt ein abwechslungsreicher Weg auf der rechten Uferseite von Falkenberg zur Blockhütte.

Menschliche Gesichtszüge der Felsen sind oft mit verantwortlich für die Entstehung von Sagen und Legenden.

Das immer tiefere Einschneiden des Flusses in das Durchbruchstal führt zum Abrutschen großer Felsmassen vom Uferrand (linke Seite). Mächtige Felsen, wie der Kammerwagen (rechte Seite, links oben) beflügeln die Fantasie. Auch Hobbykünstler hinterlassen ihre Spuren im Waldnaabtal (rechte Seite).

Die typische „step and pool"-Sequenz sieht man besonders zwischen Kammerwagen und Amboss (linke Seite). Düster und gespenstisch windet sich der Fluss im Morgennebel zwischen den Bäumen hindurch (rechte Seite).

Das Waldläusekraut wächst auf Feuchtwiesen (links). Rechts oben ist der auffällige grünblaue Grünspanträuschling abgebildet. Wer ihn einmal gesehen hat, vergisst ihn nicht wieder. Darunter sind Schleimpilze (Myxomyceten) zu sehen. Sie spielen eine wichtige Rolle im Kreislauf von Leben und Sterben der Bäume.

Auf der rechten Seite sind einige Vögel, die sich gerne in Flussnähe im Waldnaabtal aufhalten, zu sehen. Von links oben nach rechts unten sind Bachstelze, Zaunkönig, Wasseramsel und Gebirgsstelze abgebildet.

Eine ungewöhnliche Form hat der Amboss. Über Jahrtausende hat das rasch fließende Wasser dem Felsen dieses Aussehen verliehen (linke Seite). Im Bereich des Amboss' finden sich viele Felsblöcke, die vom Uferrand her im Lauf der Jahrtausende heruntergestürzt sind (rechte Seite oben).

Nicht mehr weit von der Blockhütte entfernt kommt man zum Sauerbrunnen. Aus der eingefassten Quelle fließt eisen-, schwefel- und CO_2-haltiges Wasser und gibt Zeugnis von der immer noch vorhandenen vulkanischen Aktivität in dieser Gegend.

Der Eisengehalt des Quellwassers verfärbt das umgebende Gestein rostbraun. Dem saueren, nach „Eisen schmeckenden" Wasser wurde früher eine heilende Wirkung zu geschrieben.

Zahlreiche kleine, oft namenlose Bäche stürzen kaskadenartig in die Waldnaab. Das Bild links zeigt den Schwalloh-Bach.

Der ständige Wechsel der Fließgeschwindigkeit der Waldnaab ist faszinierend. An der einen Stelle fließt der Fluss ruhig und friedlich unter knorrigen Bäumen (rechts oben). Ein paar Meter weiter nimmt er wieder Fahrt auf. Staunend bleiben immer wieder Wanderer stehen und hören dem Rauschen der Waldnaab zu (rechts unten).

Wie ein Wald im Wald wirkt der Waldschachtelhalm mit seinem stockwerkartigen Aufbau. Die Schachtelhalme gehören entwicklungsgeschichtlich zu den ältesten Pflanzen (oben). Der „Striegelige Schichtpilz“ hat, wie viele Pilze, eine wichtige Funktion bei der Zersetzung von Totholz (links). Bei der „Geweihförmigen Holzkeule“ denkt man im ersten Augenblick nicht an einen Pilz. Sie gehört zu den sogenannten Schlauchpilzen (rechts daneben).

Je mehr wir uns dem „Butterfass" nähern, desto lauter wird das Rauschen der Waldnaab. Große Felsblöcke legen sich dem Wasser in den Weg.

Trolle und Waldwesen gibt es auch im Waldnaabtal. Sie sind nur sichtbar aus einem bestimmten Blickwinkel, ansonsten sind sie versteckt und unerkannt (linkes Bild). Fasziniert bleibt man vor der Schautafel stehen, die einem verrät, wo man die Waldgeister sehen kann (rechts).

Schon von weitem hört man das Grollen und Rauschen des Butterfasses, einer Ansammlung riesiger, vom Wasser glattgeschliffener Felsblöcke. Nicht ganz ungefährlich sind die wagemutigen Sprünge über die bemoosten und glitschigen Felsblöcke (links unten). Jahrtausende lang hat das wild vorbeifließende Wasser die Felsblöcke glatt poliert und Strudellöcher herausmodelliert.

Im zeitigen Frühjahr während der Schneeschmelze, wenn große Wassermassen im Tal herunterrauschen, lässt sich erahnen, welche Kraft im Wasser steckt.

Nicht umsonst steht am Rande des Butterfasses ein Schild mit dem Hinweis „Lebensgefahr!“ (links). Nach dem Butterfass wird die Waldnaab wieder etwas ruhiger. Durch die hohe Luftfeuchtigkeit, die Gischt des Wassers und unter dem Schatten der Bäume sind die Felsblöcke mit einer dicken Moosschicht überzogen. Zwischen dem saftigen Grün des Mooses sticht der rote Fliegenpilz hervor, als wolle er warnen: „Halt, ich bin giftig!“ (rechts unten).

Zwei Blockhütten und ein Wasserrad

Besuch am Mittelpunkt des Waldnaabtals

Die meisten Wanderer und Radler, die im Waldnaabtal unterwegs sind, haben ein gemeinsames Ziel: die Blockhütte. Günstig etwa in der Mitte des Tals gelegen, ist sie von allen Einstiegspunkten aus gut erreichbar. Und der wunderschöne Biergarten auf der Waldlichtung unter den knorrigen Kastanienbäumen bietet nicht nur jede Menge Platz, sondern auch reichlich Schatten. Die Blockhütte hat zweifelsohne einen der schönsten Biergärten in der Region.

Genau genommen sind es zwei Blockhütten, die dort am Ufer der Waldnaab stehen. Die ältere kleine Blockhütte, die sich an der anderen Seite des Weges an den Hang des Waldnaabtal-Durchbruchs anschmiegt, wird von vielen Besuchern übersehen. Forstleute haben sie 1898 gleichzeitig mit der Brücke über die Waldnaab auf dem auch Schwallohe genannten Flurstück errichtet. Die Brücke ermöglichte es, bequem von einem ans andere Waldnaabufer zu wechseln, was für die Bewirtschaftung des Tals wichtig war und noch immer ist.

Der Bau der Brücke muss damals ein bedeutendes Projekt gewesen sein. Sogar der Regierungspräsident der Oberpfalz, Graf von Fugger von Kirchberg und Weißenhorn, Max Joseph Hartmann, kam Ende des 19. Jahrhundert ins Waldnaabtal, um die Bauarbeiten zu begutachten.

Der Platz in der Schwallohe wurde schnell zum Geheimtipp. So war es nur noch eine Frage der Zeit, bis direkt neben der Forsthütte auf einem Privatgrundstück eine zweite Hütte für die Bewirtung von Gästen entstand. Nach den Erzählungen älterer Zeitgenossen kehrten in der ersten Zeit vor allem betuchte Kreise dort gerne ein. Manch eine edle Kutsche soll die Brücke passiert haben. Sogar von Gedanken an ein Hotel im Waldnaabtal wird berichtet. Doch dann kam der Krieg, und bald danach war das Waldnaabtal Naturschutzgebiet.

Die heutige Blockhütte wurde nach einem Besitzerwechsel Ende der 1960er Jahre anstelle des Vorgängerbaus errichtet und machte die Schwallohe endgültig zum Mittelpunkt des Waldnaabtals. Zum Anwesen gehören übrigens auch der Wanderparkplatz bei Ödwalpersreuth und das hölzerne Schöpfrad bei der Hütte, das daran erinnert, dass viele Flächen im Talraum lange landwirtschaftlich genutzt worden sind. Es gab mehrere solche Räder im Tal, mit denen die Bauern ihre mageren Hangwiesen und -felder bewässerten. Es war wohl der Siegeszug der Traktoren und anderer Maschinen, der dazu geführt hat, dass die „Wasserwiesen“ nach und nach aufgegeben wurden, weil sie nicht mehr wirtschaftlich erschienen. Geblieben ist einzig das Schöpfrad bei der Blockhütte. Es ist heute das Wahrzeichen des Waldnaabtals und das beliebteste Fotomotiv im Naturschutzgebiet. Das Rad speist einen kleinen Teich, der die Idylle bei der Blockhütte perfekt macht, und ist vor allem für die Kinder eine Schau.

Je nach Witterung ist die Blockhütte von etwa März bis Oktober Mittwoch bis Sonntag geöffnet. Wer auf Nummer sicher gehen will: Die genauen Zeiten holt man am besten telefonisch ein.

Ein Hingucker ist die idyllisch unter dem Herbstlaub stehende alte Blockhütte aus dem Jahre 1898 (linke Seite). Ganz in der Nähe steht auch das letzte Wasserrad im Tal (links).

Die neue Blockhütte liegt strategisch gesehen im Mittelpunkt des Waldnaabtales und ist für Wanderer und Radfahrer Treff- und Ausgangspunkt für Aktivitäten im Naturschutzgebiet.

Auf der rechten Seite sind der Biergarten der Blockhütte, der kleine Tümpel beim Wasserrad, die Blockhütte im Spätherbst im Raureif und die Waldnaab zu sehen.

Das alte hölzerne Schöpfrad bei der Blockhütte ist das bekannteste Wahrzeichen des Waldnaabtales und Mittelpunkt und Spielplatz für Kinder.

Alte, knorrige, mit Moos überzogene Bäume geben dem Wald einen urwaldähnlichen Charakter. Im Moos siedeln sich oft noch „epiphytische“ Farne an. „Soll ich oder soll ich nicht?“ – Das Stockentenweibchen links kann sich noch nicht entscheiden, ob es ins kalte Wasser springen soll. Ein Bewohner des Naturschutzgebietes ist auch die selten gewordene Türkenbundlilie (oben rechts).

Auch im Winter ist ein Besuch bei der Blockhütte oft ein Erlebnis. Bei langen und strengen Frösten erstarrt das Wasserrad immer wieder in einem dicken Eispanzer.

Uferpfad oder Pfad am Ufer?

Bei der Blockhütte scheiden sich die Wander-Geister

Wer von der Blockhütte Richtung Windischeschenbach wandert, hat die Qual der Wahl. Soll er den Uferpfad oder besser den Pfad am Ufer an der anderen Seite des Flusses wählen? Für Radfahrer oder Wanderer mit Kinderwagen stellt sich diese Frage nicht. Sie sollten über die Brücke ans andere Waldnaabufer wechseln. Denn der Uferpfad, für viele der schönste Weg im Waldnaabtal, ist nur etwas für Kraxler und für Familien mit Kindern, die dem besonderen Zauber dieses Tals ganz, ganz nahe kommen wollen.

Wer sich dafür entschieden hat: Der Weg von der Blockhütte zum Wanderparkplatz Ödwalpersreuth führt direkt zum Beginn des Uferpfads. Dort, wo der steile Anstieg zum Parkplatz beginnt, zweigt der Uferpfad links ab. Später besteht zwei Mal die Möglichkeit, über einen Steg wieder auf den „normalen" Wanderweg auf der anderen Uferseite zu wechseln. Die Übergänge befinden sich nach dem Burgstall der Ruine Schwarzenschwal und bei der Gletschermühle.

Am Uferpfad kommt man den Resten der Ruine Schwarzenschwal ganz nahe. Nach Ansicht von Historikern war sie die größte der drei Burgen im Waldnaabtal. Davon ist freilich nichts mehr zu sehen. Schon Mitte des 14. Jahrhunderts war sie wohl nicht mehr bewohnt und wurde dem Verfall preisgegeben.

Auf der Seite des Uferpfads liegt auch der Tischstein: eine gewaltige Felsformation, die das Wasser im Flussbett freigelegt hat. Oder haben etwa doch Riesen hier Granitplatten übereinandergeschlichtet, um sich einen Essensplatz zu schaffen? Auf der anderen Seite des Flusses stand die Burg Altneuhaus, die wohl eine Nebenburg von Falkenberg war und ebenfalls vor Jahrhunderten bereits dem Verfall preisgegeben worden ist. Hinter einer Felsspalte soll am Fuße des Burgstalls nach einer Sage ein wertvoller Schatz, eine goldene Wiege, auf seinen Entdecker warten. Die Felsspalte öffnet sich aber nur einmal im Jahr: am Palmsonntag, wenn während der Passion die Leidensgeschichte Jesu verlesen wird. Sobald die Passion zu Ende ist, schließt sich der Spalt wieder. Eine andere Sage erzählt, dass auch ein Geisterchor und eine weiße Frau bei der Burgruine keine Ruhe finden. Aber Vorsicht: Jeder, der auf den Burgfelsen klettert, um den Geisterchor zu sehen, stürzt hinab in die Strudel der Waldnaab, so erzählt man sich zumindest.

Und welche Kraft das Wasser entfalten kann, zeigt sich ein Stückchen weiter an der Gletschermühle. Direkt am Ufer ist an einem Felsen ein etwa 40 Meter tiefes Strudelloch zu sehen. Im Wasser rotierende kleine Steine fräsen diese Löcher aus dem Granit, so lange und so tief, bis das Wasser die Steine nicht mehr bewegen kann.

Auch die dritte Burg, Herrenstein, befand sich in diesem Bereich. Man erreicht den Burgstall über den Weg, der an der Einmündung des Frombachs abzweigt. Dort, wo der Gänsknickbach in den Frombach einmündet, stand die kleine Turmburg, die lange in Vergessenheit geraten und erst in den 1970er Jahren in alten Unterlagen neu entdeckt wurde. Dort führt übrigens auch der elf Kilometer lange Ikonenweg vorbei, den Grundschüler im Waldnaabtal angelegt haben. 18 Nachbildungen von Heiligenbildern, wie sie in der Russisch- und Griechisch-Orthodoxen Kirche aus dem 11. bis 16. Jahrhundert üblich waren, hat Lehrer Rudolf Pilz mit seinen Schülern in Bildkästen für den Weg angefertigt. Der in zwei Schleifen angelegte Ikonenweg ist auch über den Windischeschenbacher Wanderparklatz bei den Sandlöchern zu erreichen.

Idyllisch und abenteuerlich verläuft der Uferpfad von der Blockhütte aus in Richtung Tischstein und Gletschermühle.

Die schönste Zeit für weitere Wanderungen im Waldnaabtal ist der Herbst, wenn das ganze Tal in eine goldene Farbe eingetaucht ist.

Ruhig fließt auf diesem Bild das Wasser der Tirschenreuther Waldnaab unter dem goldenen Blätterdach von einer Stromschnelle zur nächsten

Unwegsame Stellen am Uferpfad wurden mit Treppen und Brücken ausgestattet. Etwas Trittsicherheit und ein bisschen Schwindelfreiheit sind bei den Treppenanlagen am Uferpfad notwendig. Nicht jeder traut der Brücke über die Waldnaab. Hinweistafeln zeigen an: „Auf eigene Gefahr" (links unten). Die ruhigeren Wasserläufe mit Felsblöcken und Wasserpflanzen als Sitzgelegenheiten sind für Libellen das ideale Habitat (rechte Seite).

Die Bezeichnung „Fliegende Saphire" beschreibt treffend die Prachtlibellen mit ihren schillernden Flügeln. Auf der linken Seite sind ein Gebändertes Prachtlibellen-Männchen, ein Blutrotes Heidelibellen-Weibchen, ein Schwarzes Heidelibellen-Weibchen mit hellen Sonnenreflexen und Gebänderte Prachtlibellen, die bei der Paarung ein sogenanntes Paarungsrad bilden, zu sehen.

Auf der rechten Seite sind eine Blaugrüne Mosaikjungfer bei der Eiablage, eine Kleine Zangenlibelle und eine Grüne Flussjungfer abgebildet.

Prachtlibellen auf der Sonnenbank. Die Libellen verbrauchen bei ihren Flügen und der Jagd auf Insekten viel Energie und müssen deshalb oft Sonnenenergie auftanken.

Der Wasserhahnenfuß bildet großflächige Teppiche auf dem Wasser und bietet den Libellen zahlreiche Sitzgelegenheiten.

Das Naturschutzgebiet Waldnaabtal bietet eine reiche Tier- und Pflanzenwelt. Links oben ist eine Goldwespe (eine Schmarotzerwespe, die ihre Eier in fremde Nester legt) zu sehen. Rechts oben ist die immer seltener werdende Arnika abgebildet. Auch die streng geschützte Kreuzotter, die vielerorts schon ausgestorben ist, hat hier im Waldnaabtal noch ein Rückzugsgebiet (links unten).

Kurz nach der Blockhütte trifft man am Uferpfad auf den Burgstall von Schwarzenschwal, die größte von einst drei Burgen im Waldnaabtal (linke Seite). Begleitende Tafeln zeigen den historischen Hintergrund des Burgstalls auf. Pilze spielen eine überragende Rolle im Lebenskreislauf der Tier- und Pflanzenwelt (rechts oben). Der goldene Herbst verkündet das nahende Jahresende (links unten).

Die gebrochenen Lichtstrahlen der späten Herbstsonne verleihen den Waldwegen etwas Zauberhaftes (links oben).

Auf der linken Uferseite (von der Blockhütte aus gesehen) erreicht man etwa auf Höhe des Tischsteines die Reste der Burg Altneuhaus. Ein Marterl an den Felsen (links) sowie eine Hinweistafel erinnern an das Bauwerk. Auf der linken Seite rechts oben ist der Burgstall von Herrenstein abgebildet, der erst 1970 wiederentdeckt worden ist. Die Landschaft nimmt hier schon fast hochgebirgsähnliche Züge an. Die moosbedeckten „Urwaldriesen" bieten vielfältigen Lebensraum für Spechte, Kleintiere, Insekten, Spinnen und Pflanzen (rechte Seite).

Im Waldnaabtal bleibt man immer wieder stehen, um die Steinriesen, welche die Laune der Natur geschaffen hat, zu bestaunen. Die riesigen Felsplatten aus Porphyrgranit auf dem linken Bild scheinen wackelig und instabil, sie sitzen aber bombenfest aufeinander. Das Schöne ist, dass die Wanderer die mächtigen Granitblöcke auch ganz aus der Nähe begutachten können (rechts).

Zwischen Tischstein und Gletschermühle liegen immer wieder verstreut massive Granitfelsen im Flussbett (links oben). Schwindelerregender Blick vom Rand des Tischstein-Plateaus in das Flussbett. Hier befindet sich ein schöner Platz für eine Zwischenmahlzeit (links unten). Immer wieder sieht man Strudellöcher, die das rotierende Wasser mit Hilfe von Sand und Steinen in den Fels geschliffen hat (rechts).

Von der linken Seite des Flusses (von der Blockhütte aus gesehen) hat man einen herrlichen Blick auf das eindrucksvolle Tischsteinmassiv.

Die riesigen Felsblöcke bieten den wasserliebenden Vögeln, wie der Gebirgsstelze (linke Seite, rechts oben), immer wieder Sitzgelegenheiten, während der Kreuzschnabel (links oben) sich lieber in den Baumwipfeln aufhält. Eines der eindrucksvollsten und bekanntesten Strudellöcher befindet sich hier bei der Gletschermühle (rechte Seite).

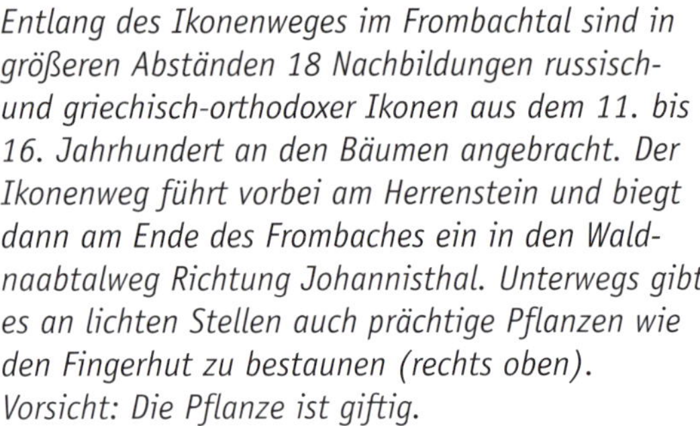

Entlang des Ikonenweges im Frombachtal sind in größeren Abständen 18 Nachbildungen russisch- und griechisch-orthodoxer Ikonen aus dem 11. bis 16. Jahrhundert an den Bäumen angebracht. Der Ikonenweg führt vorbei am Herrenstein und biegt dann am Ende des Frombaches ein in den Waldnaabtalweg Richtung Johannisthal. Unterwegs gibt es an lichten Stellen auch prächtige Pflanzen wie den Fingerhut zu bestaunen (rechts oben). Vorsicht: Die Pflanze ist giftig.

Die auf dem Waldboden auftreffenden Sonnenstrahlen erzeugen eine zauberhafte und gespenstische Stimmung im Wald (links). Ein Baumsymbol mit der Inschrift „Gottes Schöpfung achten" soll uns immer wieder an unsere Pflicht erinnern, die von Gott erschaffene Natur zu ehren und zu achten (rechtes Bild).

Der Ikonenweg führt am Burgstall Herrenstein vorbei ins Waldnaabtal (oben). Eine Schulklasse hat diesen ungewöhnlichen Themenweg vor einigen Jahren angelegt. Manchmal lohnt sich auch ein Blick nach oben. Der Seeadler, unser größter Greifvogel, hat im Waldnaabtal wieder eine Heimat gefunden und kreist über den Baumwipfeln des Naturschutzgebietes (links).

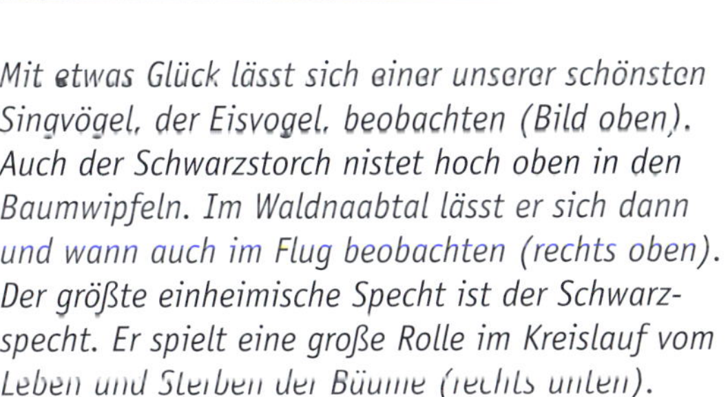

Mit etwas Glück lässt sich einer unserer schönsten Singvögel, der Eisvogel, beobachten (Bild oben). Auch der Schwarzstorch nistet hoch oben in den Baumwipfeln. Im Waldnaabtal lässt er sich dann und wann auch im Flug beobachten (rechts oben). Der größte einheimische Specht ist der Schwarzspecht. Er spielt eine große Rolle im Kreislauf vom Leben und Sterben der Bäume (rechts unten).

Das Waldnaabtal-Orakel

Beim Mühlnickelweiher – Blick in die Zukunft möglich

Der Weg von Falkenberg über den Mühlnickelweiher zur Blockhütte führt zwar zum Großteil nicht durch das Naturschutzgebiet, er führt auch nicht am Fluss entlang und ist teilweise sehr steil, dafür ist er durchgehend fahrrad- und kinderwagentauglich. Und zu sehen gibt es hier ebenfalls eine ganze Menge. Von vielen Besuchern wird die Strecke zudem gerne als Teil eines Rundwegs von Falkenberg zur Blockhütte und zurück genutzt.

Höhepunkt dieser Tour ist zweifellos der große Mühlnickelweiher als Teil einer Weiherkette. Viele Tiere und Pflanzen haben dort ein Refugium gefunden. Da ist zum Beispiel die Ringelnatter, die im Schutze des Schilfs im seichten Wasser ihrer Beute nachstellt. Auch viele Libellen zeigen über der Wasseroberfläche ihre Flugkünste.

In der Nähe des Mühlnickelweiher findet sich auch das Waldnaabtal-Orakel: ein Stamm mit einer Bildtafel, die den heiligen Antonius von Padua (1195–1231) zeigt. Ledige können hier angeblich erfahren, ob sich bei ihnen bald traute Zweisamkeit einstellen wird. Dazu muss man von zu Hause einen Stein mitnehmen und aus etwa zwanzig Schritten Entfernung zum Baumstamm werfen. Bleibt der Stein direkt am Stamm liegen, wird sich bald ein Hochzeiter einstellen. Springt der Stein weg, heißt es weiter warten und vielleicht im nächsten Jahr das Orakel erneut befragen. Dieser Volksglaube hat dem Bildbaum übrigens auch den Namen „Schtoinl-Toni" eingebracht. „Schtoinl", so nennt man hier kleine Steine. Der „Schtoinl-Toni" ist nach alter Überlieferung übrigens nicht nur der Patron der Ehe und der Verliebten, sondern auch der Armen, der Sozialarbeiter, der Frauen und Kinder, der Bäcker, der Bergleute, der Schweinehirten, der Reisenden und – man höre und staune – der „Schlamperer". Der Franziskaner-Bruder wird nämlich oft angerufen, wenn es darum geht, Verlorenes wiederzufinden. Dies geht auf eine Legende zurück. Demnach hat eines Tages ein abtrünniger Bruder Antonius sein Buch der Psalmen gestohlen. Antonius begann daraufhin zu beten, mit dem Ergebnis, dass der Dieb plötzlich von Erscheinungen geplagt wurde. Das ging so lange, bis dieser reumütig das Buch zurückbrachte.

Zum Gebet lädt an diesem Weg auch eine Kapelle ein, die zur nahen Hammermühle gehört. 2010 haben ehrenamtliche Helfer die im 17. Jahrhundert errichtete Hammermühlkapelle mit Unterstützung des Denkmalschutzes liebevoll restauriert. Einen Besuch wert ist auch die Hammermühle selbst, zumal sie neuerdings auch wieder Gäste verköstigt und beherbergt. Das Anwesen, das früher zum Kloster Waldsassen gehörte, blickt auf eine bewegte Vergangenheit zurück. Früh erkannte man hier, welch ein Kraftort das Waldnaabtal ist, und ließ das Wasser für sich arbeiten. Der einstige Eisenhammer, später als Getreide- und Ölmühle sowie Sägewerk genutzt, wurde in der zweiten Hälfte des 15. Jahrhunderts erstmals urkundlich erwähnt.

Auf dem Weg von der Hammermühle ins Waldnaabtal kommt man an der Hammerkapelle (linke Seite) vorbei. In der Nähe des Mühlnickelweihers steht die Antoniussäule mit der Inschrifttafel.

Über mehrere Granitstein-Kaskaden fließt der Mühlnickelbach ins Waldnaabtal (links oben). Im Bach findet man auch den Kamberkrebs, einen Einwanderer (Neozoon) aus den USA (links unten). Die Antoniussäule in der Nähe des Mühlnickelweihers (rechts oben) wird auch als Waldnaabtal-Orakel verehrt. Das Orakel verrät, ob sich in nächster Zeit ein Hochzeiter einstellt.

Hier am Muhlnickelweiher (oben) kann man bei einer Rast ein kleines Bad nehmen. Das Gebiet ist auch ein Lebensraum der Ringelnatter (rechts). Angst vor der Schlange braucht man nicht zu haben. Sie ist ungiftig und sehr scheu, so dass man sie kaum zu Gesicht bekommt.

Eine wichtige Rolle im Lebenszyklus des Waldes spielt das Totholz. Im Zusammenspiel von Tieren, Pflanzen, Pilzen und Schleimpilzen entsteht Humus, die Grundlage für neues Leben (linke Seite). Ein sehr auffälliger Schleimpilz, den man häufig im Wald findet, ist die Gelbe Lohblüte, ein schleimiges Wesen, das sich sogar fortbewegen kann (rechte Seite, links oben). Weniger auffällig, aber sehr interessant ist der wie eine Koralle aussehende Schleimpilz Ceratiomyxa fruticulosa (rechte Seite, links unten). Rechts oben sind stark vergrößert die Kügelchen von Trichia zu sehen. Im Original sind sie nur wenige Millimeter groß.

Wichtige Glieder im Zersetzungsprozess des Holzes sind die Pilze (links oben). Auch der Buntspecht (rechts oben) und der Feuersalamander (links unten) haben wichtige Aufgaben im Wald. Mit etwas Glück kann man ihnen im Waldnaabtal begegnen. Der Feuersalamander ist tagsüber vor allem bei Regenwetter unterwegs.

Auch der Biber ist vor vielen Jahren ins Tal zurückgekehrt. Er wird gleichzeitig geschätzt und gefürchtet. Der Biber spielt eine wichtige Rolle als Landschaftsarchitekt in einer gesunden Natur. Seine Spuren sind an vielen Stellen unübersehbar. Der Biber ist ein ständiger Baumeister, der seinen Lebensraum aktiv gestaltet. Das tut er im Waldnaabtal oft zum Ärger der Forstwirtschaft.

In den Wiesen am Ufer rund um den Mühlnickelweiher findet man eine reiche Tierwelt. In der Paarungszeit quakt der Teichfrosch und markiert sein Revier. Seine Rufe sind nicht zu überhören (links oben). Lautlos ist die grüne Krabbenspinne unterwegs. Auf dem Bild links unten ist sie in Lauerstellung. Für Insekten in ihrer Nähe bedeutet dies Lebensgefahr. Die Skorpionfliege rechts unten ist trotz ihres gefährlichen Aussehens harmlos. Sie kann nicht stechen, sondern der „Stachel" dient zum Festhalten während der Begattung.

Ob mit dem Rad oder zu Fuß, der Weg von dem Wanderlokal Hammermühle aus (oben rechts im Hintergrund) ins Waldnaabtal ist ein Genuss. Staunend betrachtet das Rotvieh, eine alte Oberpfälzer Rinderrasse, die vorbeikommenden Menschen.

JOHANNI
Ort der Beg

Ein Ort der besonderen Kräfte

Haus Johannisthal – das geistliche Zentrum des Waldnaabtals

Die einen steuern Johannisthal an, um zu wandern, die anderen, um zu beten und um ihrem Leben neue Impulse zu geben, wieder andere, um die Natur zu genießen. Die wenigsten aber gehen achtlos an Johannisthal vorbei. Kein Wunder, dieser Platz elektrisiert, ist geistlicher und spiritueller Mittelpunkt des Waldnaabtals.

Johannisthal ist ein ungewöhnlicher Ort der Begegnung – der Begegnung mit der Natur, der Begegnung mit Gott und der Begegnung mit anderen Menschen. Alles begann damit, dass 1848 Johann Brösl an diesem besonderen Kraftort ein Schleif- und Polierwerk gründete. Doch der wirtschaftliche Erfolg ließ bald nach. Das Werk wurde aufgegeben und die Gebäude 1914 dem Verfall preisgegeben. Dem damaligen Pfarrer von Windischeschenbach, Johann Baptist Roeseneder, ist es zu verdanken, dass Johannisthal eine erste, wichtige „Metamorphose" erlebte. Der Pfarrer war von diesem Platz so begeistert, dass er diesen Kraftort künftig spirituell nutzen wollte. Er setzte sich in Regensburg dafür ein, aus den Ruinen ein Exerzitienhaus erstehen zu lassen und hatte mit seiner Vision prompt Erfolg.

Im Jahr 1937 erwarb die Diözese Regensburg die Reste des Schleif- und Polierwerks. Es dauerte aber einige Zeit, bis wieder Leben in Johannisthal einkehrte. Nach dem Zweiten Weltkrieg wurde die Idee in die Tat umgesetzt, 1948 fanden die ersten Exerzitienkurse im Waldnaabtal statt.

Das war längst nicht die einzige Metamorphose dieses Kraftorts, der auf immer mehr Menschen magische Anziehungskraft ausübte. In den 1950er Jahren wurde deshalb sogar eine Holzbaracke der Bundeswehr von Hohenfels beim Exerzitienhaus aufgebaut, um in diesem „Waldheim" die vielen Ausflugsgäste zu verköstigen.

Ein markantes Datum war der 15. Mai 1955. An diesem Tag weihte Erzbischof Dr. Michael Buchberger die Waldkapelle „Madonna von Johannisthal" im Beisein von 7000 Jugendlichen ein. 1956 folgte der Neubau eines modernen Ökonomiehofes, 1963 die Erweiterung de Exerzitienhauses. Seine bislang letzte große Metamorphose erlebte Johannisthal 2014. Nach sieben Jahren Planung und Bauzeit erhielt das Haus seine neue Ausrichtung. Wie um einen Oberpfälzer Dorfplatz sind Kirche, Speisesaal, Wohntrakte und Seminarräume nach den Plänen der Tirschenreuther und Würzburger Architekten Peter und Christian Brückner um einen freien Platz angeordnet. Dabei spielten natürlich Granit und Holz eine tragende Rolle.

Aber eines ist gleich geblieben. Heute wie damals wird in Johannisthal die Kraft des Wassers genutzt. Und das nicht nur spirituell: Ein Nebenarm der Waldnaab betreibt immer noch das hauseigene Wasserkraftwerk. Auch das war den Architekten beim Umbau wichtig.

Johannisthal ist ein Ort der Begegnung und inneren Einkehr, ein Ort der besonderen Faszination, ein „himmlischer Ort". Johannes der Täufer wacht über das Haus. Die Skulptur des Weidener Bildhauers Günter Mauermann auf dem kleinen Bild steht in einer Grünfläche vor der Zufahrt zum Haus und zeigt den heiligen Johannes mit dem Lamm Gottes.

Die Natur, ein Abbild Gottes. Schon auf dem Weg nach Johannisthal begegnet uns ein Schild, das uns mahnt, ehrfürchtig mit der Natur umzugehen. Eine kurze Pause, und wir können die Natur hautnah erleben. Das Eichhörnchen weiß, dass es keine Angst zu haben braucht.

Herrliche, insektenfreundliche Blumenwiesen rund um den Gebäudekomplex bestätigen den Eindruck, dass Johannisthal im Einklang mit der Natur steht.

Dass Johannisthal ein Ort der Ruhe und Besinnung ist, zeigt sich schon in der „ruhigen" und schlichten Einrichtung der Kapelle St. Johannes des Täufers. Bei der inneren Einkehr will man jede äußere weltliche Störung vermeiden. Trotzdem ist es ein Ort der Begegnung, an dem sich regelmäßig auch viele Menschen treffen.

Abseits der Hauptgebäude führt ein Kreuzweg am Waldrand entlang. Oberhalb des Haupthauses steht im Wald die Kapelle „Madonna von Johannisthal" mit der schönen Muttergottes-Statue des Oberpfälzer Bildhauers Karl Bornschlegel. Die Kapelle ist alljährlich auch Schauplatz einer Hubertusmesse.

Nach dem langen Marsch ist jetzt eine Ruhepause notwendig. Am besten auf einem der Felsblöcke im Fluss, wo man das Rauschen der Waldnaab hört (oben). Verwundert schaut auf dem linken Foto der Kleiber, was die Menschen da so treiben. Auf der rechten Seite ist links der gelbe Klebrige Hörnling zu sehen. Er fällt einem schon von weitem auf. Er ist zwar nicht giftig, schmeckt aber nach nichts. Er gehört zu den Hörnlingen (nicht zu den Korallenpilzen!). Pilze haben oft lustige Namen, wie der auf der nächsten Seite rechts oben abgebildete „Buchenschleimrübling". Die Rote Lichtnelke darunter begnügt sich mit geringen Mengen an Humus auf einer Felsinsel mitten in der Waldnaab.

Burg auf Wollsäcken erbaut

FALKENBERG IST „DAS" TOR ZUM NATURSCHUTZGEBIET WALDNAABTAL

Der Faszination der Burg Falkenberg kann sich keiner entziehen. Majestätisch thront sie auf den für die Gegend so typischen Verwitterungsfelsen aus Granit. Auch Friedrich-Werner Graf von der Schulenburg, deutscher Diplomat und Botschafter in Moskau, erlag ihrer Faszination, obwohl die Burg damals nur eine Ruine war. Er erwarb nach langwierigen Verhandlungen 1936 die Reste und ließ sie in den folgenden drei Jahren wieder aufbauen, um dort seinen Lebensabend zu verbringen. Von 1941 bis 1944 war von Schulenburg Burgherr in Falkenberg, dann wurde er von den Nazi-Schergen als Mitwisser eines Attentats auf Adolf Hitler ermordet. Die Burg wurde von der Gestapo beschlagnahmt. Nach dem Krieg gelangte sie wieder in Familienbesitz, bis 2009 die Marktgemeinde Falkenberg das Wahrzeichen des Ortes und des Waldnaabtals erwarb, um das Denkmal weiter für die Öffentlichkeit zugänglich zu halten. Heute beherbergt die Burg ein Museum, ein Hotel sowie Räume für Tagungen und kulturelle Veranstaltungen.

An Themen für das Museum mangelte es nicht. Insgesamt blickt das Gemäuer auf eine tausendjährige Geschichte zurück. Die wuchtige Felspartie an einer Handelsstraße an einem Übergang der Waldnaab war geradezu prädestiniert für den Bau einer Burg. Erstmals urkundlich erwähnt wurde sie im Jahr 1154. Wenn die Steine sprechen könnten, dann hätten sie aus den folgenden Jahrhunderten einiges zu erzählen: von den Äbten des Klosters Waldsassen, denen die Burg lange gehörte, von den Schweden, die sie im Dreißigjährigen Krieg einnahmen, und eben von den Nazis, die sie nach der Ermordung des Botschafters für ihre Zwecke missbrauchten. Und natürlich von den Architekten Brückner & Brückner, die beim Umbau und bei der Sanierung sogar einen Schacht für einen Aufzug durch die wie Wollsäcke aufeinanderliegenden Granitplatten treiben ließen. Vielleicht würden die Felsen auch von einem Jagdausflug eines Kaisers erzählen, bei dem ein flügellahmer Jagdfalke des hohen Herrn auf ihnen landete. So soll nämlich nach einer Sage der Ort seinen Namen erhalten haben. Vorher, so erzählt man sich, sei die Anhöhe schlicht Naabberg genannt worden. Rund um die Burg führt ein nach von Schulenburg benannter Rundweg mit einem tonnenschweren Wackelstein als besondere Attraktion.

Aber Falkenberg lässt sich natürlich nicht nur auf die Burg und das Waldnaabtal reduzieren. Der Ort hat noch weitaus mehr zu bieten. Auch auf keiner kulinarischen Karte der Region fehlt die malerische Marktgemeinde. Falkenberg ist einer der letzten fünf Kommunbrauorte der gesamten Oberpfalz und hat zudem mit dem Gasthof „Zum Roten Ochsen" der Familie Prockl eine der ältesten Gastwirtschaften der Region mit einer Bohlenbalkendecke aus dem 17. Jahrhundert und einem wunderschönen Kachelofen aus dem Jahre 1724. Mindestens seit Ende des 15. Jahrhunderts werden dort nachweislich Gäste bewirtet. Einen Gegensatz dazu bilden im Schatten der Burg die Softwarescheunen des Unternehmens IGZ, einer hochtechnisierten Ingenieurgesellschaft für logistische Informationssysteme.

Kurzum: Geschichte, Fortschritt, Kultur und Natur gehen in Falkenberg eine einzigartige Symbiose ein. Ein guter Platz also, um die Erkundung des Waldnaabtals mit einer deftigen Brotzeit oder einem guten Essen ausklingen zu lassen – oder auch zu beginnen.

Links ein Blick auf die majestätische Burg Falkenberg über der Waldnaab im Morgendunst. Wunderschön lässt sich am Burgfelsen die Wollsackverwitterung erkennen, eine typische Verwitterungsform des Granits.

Von Gumpen kommend durchschreitet man den ersten Durchbruch des Falkenberger Granitmassivs und steht vor der mächtigen Burg.

Am Von-Schulenburg-Rundweg gibt es im Schatten der Burg einen tonnenschweren Wackelstein zu entdecken. Bei Windstille spiegelt sich die Burg in der Waldnaab.

Die fast uneinnehmbare Burg ist umgeben von einem breiten Burggraben und der Zugang war früher nur über eine Zugbrücke möglich (links oben). Im Dreißigjährigen Krieg gelang es den Schweden erstmals, die Burg zu erobern. Links unten sind Ausstellungsstücke zu sehen, die an die Ritterzeit erinnern. 1936 ging die Burg in den Besitz des Grafen von der Schulenburg über. Er wurde als Widerstandskämpfer gegen Hitler 1944 von den Nazis hingerichtet. Viele Ausstellungsstücke erinnern an ihn.

In der Burg kann man auch übernachten. Das Denkmal beherbergt neben einem Museum auch ein Hotel. Die Burgräume können zudem für Tagungen und Veranstaltungen gemietet werden. Rechts ist ein malerischer Sonnenuntergang bei der Burg zu sehen.

Die Hammermühle ist ein zertifizierter Biobetrieb mit extensiver Weidewirtschaft und einer Bio-Rotviehrinderzucht. Die historische Mühle wird saniert und soll ein Erlebnis- und Ausflugslokal werden.

Eine der ältesten Gastwirtschaften mit wunderschöner historischer Einrichtung ist der Gasthof „Zum Roten Ochsen" (Prockl).

Auch im Winter ist Falkenberg einen Besuch wert. Oben ist der Blick über die Waldnaabbrücke auf die Burg festgehalten. Die markante Föhre vor den Toren Falkenbergs auf dem unteren Bild ist heutzutage leider von Büschen und Bäumen eingewachsen und kaum mehr sichtbar.

Waldnaabtal in ein Museum gepackt

Neuhaus und Windischeschenbach mit bewegter Vergangenheit

Wo gibt es das schon, dass einem Flussabschnitt ein ganzes Museum gewidmet wird? – Natürlich in Neuhaus, dem südlichen Tor zum Waldnaabtal-Durchbruch. In der alten Landgrafenburg, die das Flusstal überragt, hat der Oberpfälzer Waldverein eine sehenswerte Sammlung aus und über das Waldnaabtal zusammengetragen. Die Burg mit ihrem ungewöhnlichen Butterfassturm (er wird wegen seines Aussehens so genannt) wurde übrigens um 1300 von den Landgrafen von Leuchtenberg als Verwaltungsstützpunkt und Jagdschloss für ihre großen Ländereien erbaut. Vorher hatten die Landgrafen ihre drei Burgen Schwarzenschwal, Altneuhaus und Herrenstein an das Kloster Waldsassen verkauft.

Der Oberpfälzer Waldverein beleuchtet seit den 1980er Jahren im Museum die Natur und die Wirtschaft des Waldnaabtals. Dazu haben die Verantwortlichen eine Fülle von Exponaten aus der Heimatgeschichte, dem Handwerk, der untergegangenen Porzellan- und Glasindustrie sowie vielen anderen Bereichen zusammengetragen. Vorher war in der Burg die Gemeindeverwaltung untergebracht, doch als Neuhaus ein Stadtteil von Windischeschenbach wurde, war dafür kein Bedarf mehr vorhanden. Den Platz vor dem Butterfassturm nutzt die Laienspielschar Windischeschenbach als Freiluft-Theaterplatz. Und im früheren Schafferhof der Burg wird regelmäßig Zoigl ausgeschenkt, wie in zahlreichen anderen Anwesen der Stadt. Windischeschenbach mit seinem Ortsteil Neuhaus ist mit zwei Kommunbrauhäusern und rund zwei Dutzend Zoiglwirtschaften die Hauptstadt des Zoiglbiers.

In der Stadt Windischeschenbach gibt es zwar keine Burg, dafür als Pendant zur Burg Neuhaus eine ungewöhnliche Villa, die wie ein Schloss in einem großen Park steht: die Stützelvilla. Sie ist ein Überbleibsel aus der Zeit, als hier die Glas- und Porzellanherstellung florierte. Kommerzienrat Ludwig Winkler, Betreiber der Tafel- und Spiegelglasfabrik Winkler & Sohn, hat sie 1887/1888 errichten lassen. Nach einer bewegten Vergangenheit wird das Denkmal künftig die Dienststelle „Digitale Landkarten Bayern" des Staatsministeriums für Finanzen beherbergen.

Windischeschenbach ist ein Städtchen mit tausendjähriger Vergangenheit und vielen interessanten Sagen und Geschichten. Eine davon ist die vom Schönandl-Katherl, die zum Tod durch den Strang verurteilt worden ist. Davon erzählt auch ein Marterl am Parkplatz an der früheren Richtstätte Galgenrangen, unweit der Autobahnausfahrt. Der Weidener Künstler Günter Mauermann hat es 1989 erstellt. Das Katherl soll eine hübsche, lebenslustige Frau mit einem unehelichen Sohn gewesen sein. Als sie nicht zu Hause war, brach in ihrem Haus ein Feuer aus, in dem ihr Kind verbrannte. Dem Katherl wurde zur Last gelegt, das Feuer selbst gelegt zu haben, weil ihr der Sohn bei ihrem Lebenswandel hinderlich gewesen sei. Unter Folter erpresste der Richter ein Geständnis. Die Frau soll am Fuße des Galgenrangens unter einem Stein bestattet sein. An der langjährigen Richtstätte hat der OWV ein Kreuz aufgestellt. Unterhalb der Anhöhe mündet die Fichtelnaab, die im Fichtelgebirge entspringt, nach 12 Fließkilometern in die Tirschenreuther Waldnaab, die damit das Attribut „Tirschenreuther" ablegt.

Auf einem Granitmassiv über der Waldnaab thront die Burg Neuhaus bei Windischeschenbach mit dem markanten Butterfassturm. In der Burg ist das reich ausgestattete und sehenswerte „Waldnaabtal-Museum" untergebracht.

Die bekannte Stützelvilla in Windischeschenbach wurde 1887 im Neurenaissance-Stil von Ludwig Winkler, dem Betreiber der Tafel-und Spiegelglasfabrik Winkler & Sohn erbaut. 2017 wurde sie vom Freistaat Bayern erworben und wird für das Landesamt für Digitalisierung, Breitband und Vermessung saniert. Das in Weiß gehaltene sehenswerte gusseiserne Treppengeländer hat die Wirren der vergangenen Jahrzehnte überlebt.

Einen musealen Charakter hat das alte Sägewerk von Johannes Rupprecht im Ortsteil Oberbaumühle. Die Datierung geht auf das Jahr 1632 zurück und die „Seech" ist heute noch in Betrieb. Der Sägestaub von Jahrzehnten, wenn nicht sogar Jahrhunderten, könnte Geschichten erzählen.

Erwin Otte, ein bekannter Maler und Glaskünstler aus der Region, hat eine sieben Meter hohe Panzersperre aus dem Kalten Krieg zwischen Windischeschenbach und Neuhaus mit einem gläsernen Friedensengel aufgewertet.

Hoch über der Waldnaab bei Windisch-Eschenbach steht das „Galgenkatherl“, eine frühere Richtstatte. Hier wurde das lebenslustige Schönandl-Katherl erhangt, nachdem man von ihr das Geständnis, ihr eigenes Kind umgebracht zu haben, herausgepresst hatte.

Ein Teleskop ins Erdinnere

Geo-Zentrum an der KTB ermöglicht faszinierende Einblicke

Wenige Kilometer bevor die Fichtelnaab in die Tirschenreuther Waldnaab mündet, grüßt vom Rand des Tals ein seltsamer Metallkoloss weit ins Land: der Turm der Kontinentalen Tiefbohrung (KTB), mittlerweile zum Wahrzeichen des Geo-Zentrums an der KTB mutiert. Waldnaabtal-Besucher, die sich für Geologie interessieren, kommen an einem Besuch dieser Einrichtung kaum vorbei. Unter dem Motto „Erleben, staunen und lernen" ermöglicht sie faszinierende Einblicke in die Erdgeschichte. Natürlich spielen dabei auch die Hebung und Senkung der tektonischen Platten, die mit der Entstehung des Waldnaabtal-Durchbruchs zu tun haben, eine Rolle.

Alles begann damit, dass Geo-Wissenschaftler entschieden, bei einem weltweit Aufsehen erregenden Forschungsprojekt hier das tiefste Loch der Erde zu bohren. Bis zu 10.000 Meter tief wollte man in Richtung Erdinneres vordringen. Bei 9101 Meter war Schluss, weil die Temperaturen im Loch technisch nicht mehr beherrschbar waren. Trotzdem hielt sich die Enttäuschung in Grenzen, gab es doch eine Menge neuer Erkenntnisse und geowissenschaftlicher Sensationen zu feiern.

Aus diesem Projekt entstand das Geo-Zentrum als Informations- und Begegnungsstätte für Schule, Wissenschaft und die interessierte Öffentlichkeit. Neben dem Bohrturm und den Bohrkernen aus dem Forschungsprojekt kann man dort auch eine Dauerausstellung über die Erde, Filme zum Thema, einen Erdbeben-Simulator sowie Wechselausstellungen bestaunen. Der Turm, mit 83 Metern die größte Landbohranlage der Welt, kann bei Spezialführungen bestiegen werden.

Es gab übrigens genau genommen zwei Bohrungen: eine Vor- und eine Hauptbohrung. Die Vorbohrung begann 1987 und endete nach 560 Tagen am 4. April 1989 in rund 4.001 Metern Tiefe. Am 5. Oktober 1990 startete unter Berücksichtigung der dabei gewonnenen Erkenntnisse die Hauptbohrung. Die größte Schwierigkeit war es dabei, möglichst senkrecht in Richtung Erdinneres vorzudringen. Denn jede Abweichung, und war sie noch so klein, bedeutete eine immense zusätzliche Belastung des Bohrgestänges, unnötigen Verschleiß und gefährdete damit den Erfolg des gesamten Großprojekts. Ein speziell für Windischeschenbach entwickeltes neues elektronisch gesteuerten Vertikalbohrverfahren ermöglichte es, ein viele Kilometer tiefes fast senkrechtes Loch zu bohren – bis die Wissenschaftler bei etwa 7.500 Metern angelangt waren. Dann war das entwickelte Verfahren aufgrund der vorherrschenden Temperaturen nicht mehr möglich. Die Folge war prompt, dass das Loch nun immer stärker von der Senkrechten abwich. Trotzdem fraßen sich die Bohrer weiter Zentimeter für Zentimeter durch das Gestein, bis am 12. Oktober 1994 die hohen Temperaturen im Loch vorzeitig zur Beendigung der Hauptbohrung zwangen. Das Loch war mittlerweile um 300 Meter von der Senkrechten abgewichen. Die Endteufe lag nach genau 1.468 Bohrtagen am 12. Oktober 1994 bei 9.101 Meter.

Eine technische Höchstleistung ist die Kontinentale Tiefbohrung (KTB) bei Windischeschenbach mit einer Tiefe von 9101 Metern. Das Bohrprogramm wurde 1995 beendet. Es ist zur Zeit das tiefste offene Bohrloch der Welt.

Im Geo-Zentrum werden regelmäßig Führungen, Tagungen und Sonderveranstaltungen abgehalten (Bild rechts oben). Mit Hilfe solcher mit Hartmetall besetzter Rollenbohrmeißel wurde das Bohrgestänge bis in eine Tiefe von 9101 Meter vorangetrieben (links oben). Die jährliche Mineralienbörse lockt Hobbysammler und Fachleute aus vielen Ländern an. Besonderes Interesse besteht an den heimischen Bodenschätzen der Oberpfalz (links unten).

Im Archiv des Geo-Zentrums werden die Bohrkerne der Tiefbohrung fein säuberlich gelagert und dienen weiterhin wissenschaftlichen Forschungen (rechte Seite, links oben). In den Dauerausstellungen werden geologische Themen interaktiv dargestellt (rechte Seite, links unten). Der schwarz-rot-goldene Himmel bei Sonnenuntergang symbolisiert die deutsche technische Meisterleistung der Bohrung (rechte Seite, rechts).

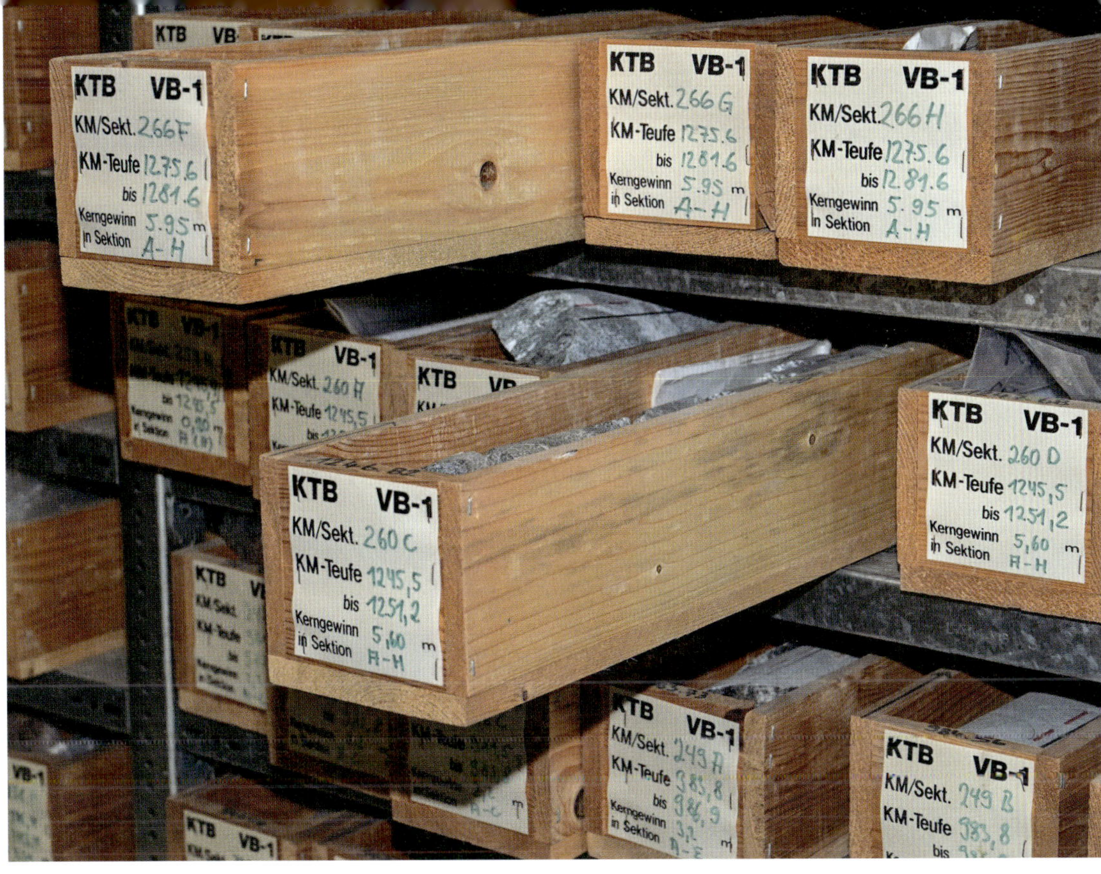

KTB VB-1
KM/Sekt. 266F
KM-Teufe 1275.6
bis 1281.6
Kerngewinn 5.95 m
in Sektion A-H
KTB VB-1
KM/Sekt. 266 G
KM-Teufe 1275.6
bis 1281.6
Kerngewinn 5.95 m
in Sektion A-H
KTB VB-1
KM/Sekt. 266 H
KM-Teufe 1275.6
bis 1281.6
Kerngewinn 5.95 m
in Sektion A-H
KTB VB-1
KM/Sekt. 260 C
KM-Teufe 1245,5
bis 1251,2
Kerngewinn 5,60 m
in Sektion A-H
KTB VB-1
KM/Sekt. 260 D
KM-Teufe 1245,5
bis 1251,2
Kerngewinn 5,60 m
in Sektion A-H

Feuer speiende Erde
Vulkanismus
Ist der Prozess, bei dem Magma aus dem Erdinneren durch die Erdkruste hindurch zur Oberfläche aufsteigt.

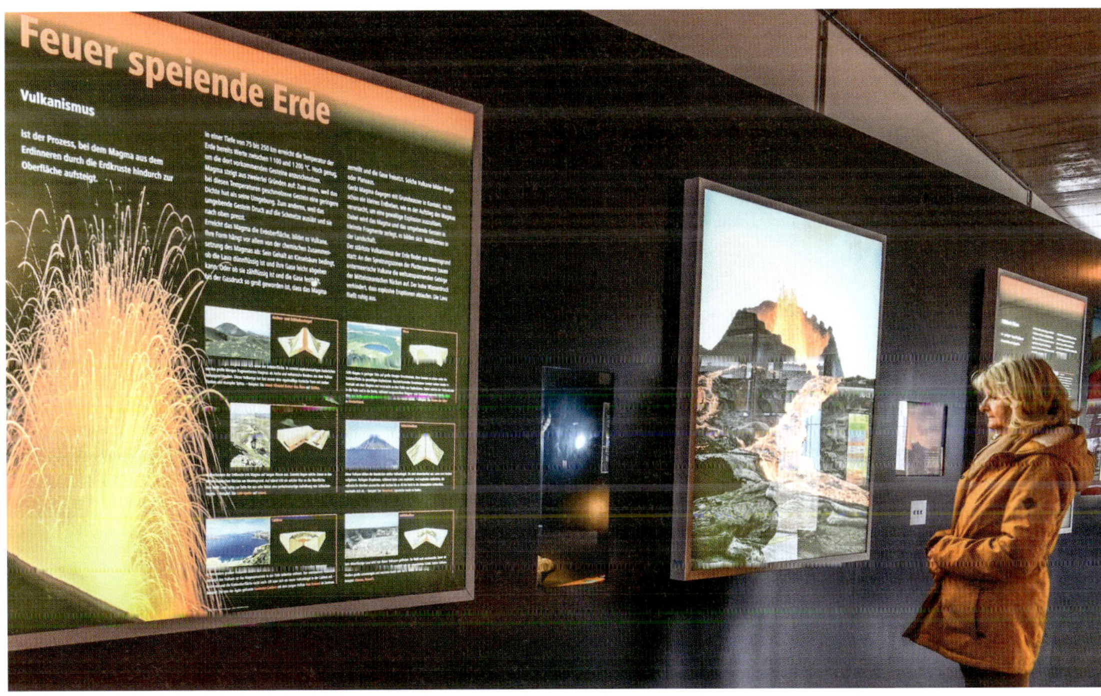

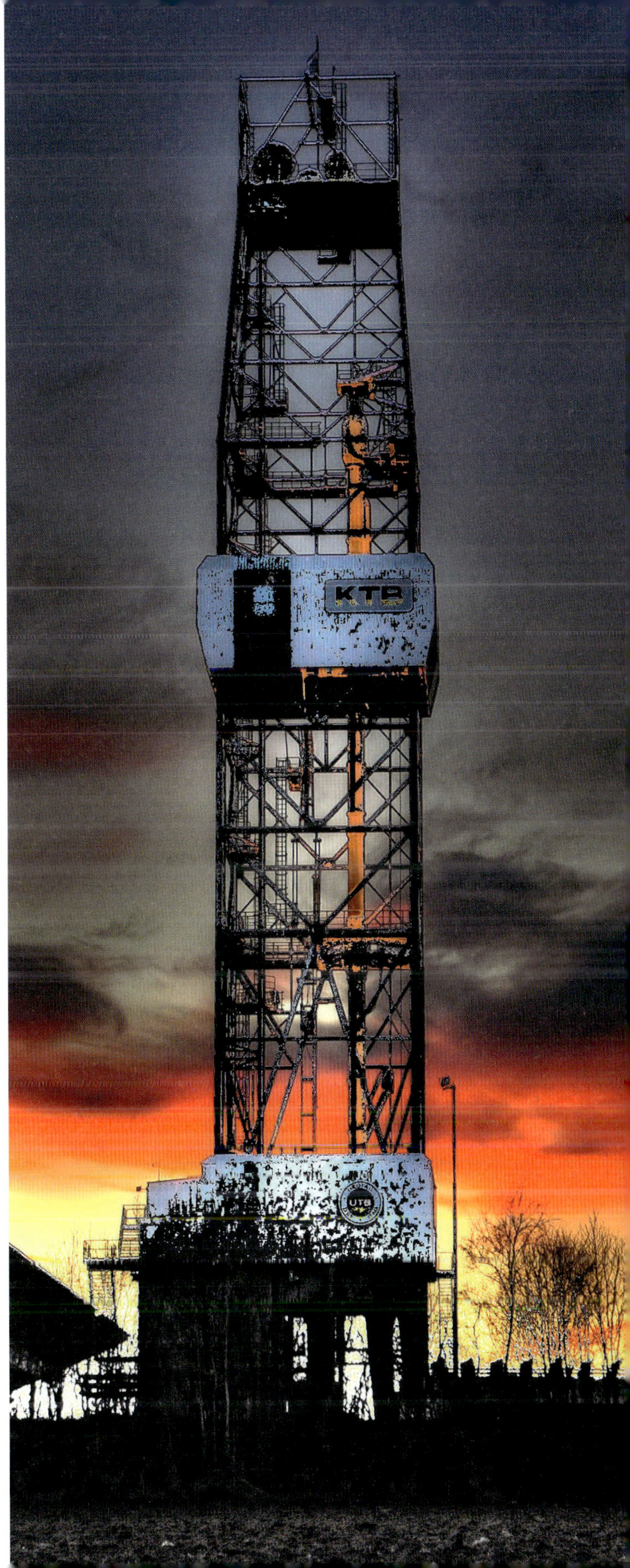
KTB

Das Waldnaabtal gut vernetzt

Biologische Vielfalt in der Region wird gezielt gefördert

Bei aller Schönheit und Faszination sollte man das Tal der Tirschenreuther Waldnaab zwischen Falkenberg und Windischeschenbach nicht isoliert betrachten. Es ist eingebettet in einen großen Biotopverbund, in dem sich Arten ausbreiten, wieder heimisch werden können. Im Nordosten liegt zum Beispiel mit der Waldnaabaue ein 3200 Hektar großes Naturschutzgroßprojekt des Bundes. Gemeinsam mit dem Waldnaabtal bildet die Kernzone das 2618 Hektar große europaweit bedeutende FFH-Gebiet „Waldnaab zwischen Tirschenreuth und Windischeschenbach", in dem Fischotter, Kammmolch, Große Moosjungfer und andere Arten heimisch sind.

Der Fluss schlängelt sich bis zum Beginn des Durchbruchtals in Gumpen durch großflächig angelegte Weiherketten, in dem auch ein Teil der Tirschenreuther Teichpfanne liegt. Umgeben ist der Fluss von Bruchwäldern und naturnahem Auen-Grünland. Teilweise bereits im Mittelalter angelegte Teiche mit ihrer besonderen Bodenvegetation, ihren Schwimmblattgesellschaften und Verlandungsmooren sorgen für eine gigantische Vielfalt. Tiere wie Kreuzotter, Moorfrosch, Braunkehlchen, Fisch- und Seeadler, Große Moosjungfer, Grüne Flussjungfer und Sumpf-Heidelibelle sowie gefährdete Pflanzenarten wie Floh-Segge, Gras-Laichkraut, Moorklee und Zwerg-Igelkolben haben dort einen Lebensraum. Die Himmelsleiter, eine ungewöhnliche Aussichtsplattform, ist das touristische Highlight dieses 1999 bewilligten Projekts.

Die Fichtelnaab, die das Waldnaabtal auf der anderen Seite mit dem Fichtelgebirge verbindet, ist ebenfalls eine wichtige Wanderachse für Tiere und Pflanzen. Eines der lohnenden Ausflugsziele ist direkt am Rande des Waldnaabtals an der Fichtelnaab die Schweinmühle. Zu dieser Zoigl-Gastwirtschaft gehört nicht nur ein Campingplatz, sondern auch ein privat angelegter Waldlehrpfad, der Einblicke in die Natur gewährt.

Und dann sind da natürlich noch die beiden Naturparke Steinwald, der im Norden und Nordwesten fast bis an das Waldnaabtal heranreicht, und Nördlicher Oberpfälzer Wald, der auf der anderen Seite in den Talraum hereinragt. Dort überall gibt es im Zuge des Biotopverbunds wichtige Artenschutzprojekte. Der Naturpark Steinwald engagiert sich im Landkreis Tirschenreuth zum Beispiel besonders für den Erhalt von Arnika, Kreuzotter, Feuersalamander und Flussperlmuschel, von denen auch Restbestände im Waldnaabtal vorkommen. Er hat zum Schutz der Magerrasen auch ein Beweidungs- und Flächenmanagement auf die Beine gestellt und versucht, die letzten Moore zu erhalten bzw. frühere zu renaturieren. Vor kurzem ist es sogar gelungen, den Luchs im Steinwald wieder heimisch zu machen. Im Naturpark Nördlicher Oberpfälzer Wald, dem Pendant zum Steinwald im Landkreis Neustadt a. d. Waldnaab, gibt es unter anderem Artenschutzprogramme für den Schwarzstorch, das Rebhuhn und ganz neu den Goldenen Scheckenfalter. Rund 100 wertvolle Flächen werden über die Landschaftspflege erhalten bzw. weiterentwickelt. Auch im Tal der Haidenaab, die bei Luhe-Wildenau durch ihren Zufluss die Waldnaab zur Naab macht, wird die biologische Vielfalt seit einigen Jahren gezielt gefördert.

Die Waldnaabauen bilden eine der größten und ältesten Kulturlandschaften Deutschlands. Hier im Gumpener Weihergebiet endet dieses bedeutende Biotop, bevor die Waldnaab in das Durchbruchstal des Waldnaabtales eintritt (linke Seite). Auch der Wiedehopf (links), einer der schönsten Vögel in Deutschland, kommt hier vor.

Es gehört großes Glück dazu, den Baummarder tagsüber zu beobachten, da sein Reich in den Baumwipfeln ist (links oben).

Das Bild daneben zeigt die Bauchlandung eines Höckerschwanes in den Gumpener Weihern. Die Wiesen der Waldnaabauen werden größtenteils extensiv von Schafen beweidet (links unten).

Für die Prachtlibellen ist das Gebiet als Bewohner von langsam fließenden Flüssen und Bächen ein Eldorado (rechte Seite oben). Darunter sind der Neuntöter, der strukturreiche Landschaften mit freien Hecken und Büschen bevorzugt (links), und die Rohrweihe, die in den Schilfgebieten in den Waldnaabauen Brutplätze findet, zu sehen.

Verlassene und verlandende Weiher, Feuchtwiesen und Moorlandschaften prägen das Landschaftsgebiet der Waldnaabauen.

Eine Attraktion in den Auen ist die „Himmelsleiter“ am Vizinalbahn-Radweg. Von oben hat man einen herrlichen Rundblick über die Teichlandschaft.

Bevor die Fichtelnaab in die Waldnaab einmündet, hat sie über Jahrmillionen den Fichtelnaabfelsen unterhalb der Schweinemühle herausgearbeitet. Dieses Geotop besteht aus dem basischen Vulkangestein Amphibolit, welches in dem naheliegenden Steinbruch Oberbaumühle als Schotter abgebaut wird (links). Das Bild unten zeigt die Einmündung der Fichtelnaab in die Waldnaab.

Auf der rechten Seite sind einige Impressionen vom kinderfreundlichen Ferienhof und Campingplatz Schweinemühle zu sehen. Ein Waldlehrpfad mit Wildgehege, ein Kinderstreichelzoo mit Ziegen, Eseln und Lamas sowie ein Bauernhof garantieren einen erholsamen Urlaub. Zum Hof gehört auch ein privater Waldlehrpfad. Infopunkte und Tafeln erklären die Natur und die Umwelt.

Nistkastenbewohnende
Vogelarten - Nester und Gelege

Der Campingplatz an der Schweinemühle liegt idyllisch an der Fichtelnaab (oben). Die angeschlossene Zoiglwirtschaft ist bei Campern, Wanderern und Radfahrern gleichermaßen beliebt (unten).

Wer mit offenen Augen unterwegs ist, kann auch in den angrenzenden Gebieten des Waldnaabtals viele Tiere und Pflanzen entdecken. Die Karthäusernelke liebt es sonnig und ist ein Magnet für Schmetterlinge und andere Insekten (oben). Die Gefleckte Taubnessel mit ihrer wunderschönen Zeichnung ist ein schattenliebender Bodendecker (unten).

Willkommen im Zoigl-Paradies

Waldnaabtal – das Zentrum einer ungewöhnlichen Biertradition

Hungrig und durstig muss keiner das Waldnaabtal verlassen. Vor allem dann nicht, wenn er am Wochenende unterwegs ist. Denn dann haben in Falkenberg, Neuhaus und Windischeschenbach in der Regel mehrere Zoiglstuben geöffnet. Dort gibt es zu selbst gebrautem Bier deftige Brotzeiten sowie jede Menge Geselligkeit.

In der Oberpfalz gibt es nur noch fünf Kommunbrauhäuser, in denen brauberechtigte Bürger den Sud für ihr eigenes Bier kochen können. Drei davon stehen im Waldnaabtal: in Falkenberg, Neuhaus und Windischeschenbach. Logisch, dass auch der Zoigl-Radweg, der alle fünf Kommunbrauorte (die beiden anderen sind Mitterteich im Landkreis Tirschenreuth und Eslarn im Landkreis Neustadt a. d. Waldnaab) verbindet, von Falkenberg nach Neuhaus und Windischeschenbach quer durch das Waldnaabtal führt. Da drängt sich der Gedanke einer Zoigl-Wanderung oder -radtour natürlich geradezu auf. Aber Vorsicht: Das untergärig gebraute Bier hat es in sich. Schon manch einer hat dabei die Zeit vergessen. Hilfreich ist es, auch einige „Gesetze", die in den Zoigl-Stuben gelten, zu kennen. Das Schankrecht geht reihum. In diesen „Wirtschaften auf Zeit" sagt man grundsätzlich „Du" zueinander, es ist nicht möglich, vorab Plätze zu reservieren, es gibt meist nur eine Biersorte, den Zoigl, und vegane Kost sucht man auf vielen Speisekarten vergeblich. Auch Zoigl ist dabei nicht gleich Zoigl. Denn mittlerweile haben auch fast alle Brauereien der Region dieses Bier im Sortiment. Wer echten Zoigl vom Kommunbrauer will, sollte sich in „normalen" Wirtschaften schon danach erkundigen, woher das Bier stammt.

Das Besondere am echten Kommunbier ist, dass der Sud schon nach einem Tag wieder das Brauhaus verlässt und daheim zu Bier vergoren wird. Das und die unterschiedlichen Rezepte der Brauberechtigten führen zu einer großen Vielfalt verschiedener Zoiglbiere. Kein Sud, so heißt es, schmeckt wie der andere.

In den Kommunbrauhäusern wird wie anno dazumal gearbeitet. Sie werden teilweise noch mit Holz befeuert und der Biersud landet am Ende im offenen Kühlschiff, aus dem er im nächsten Tag abgepumpt wird. Auf die längste Zoigl-Brautradition können im Waldnaabtal die Neuhauser zurückblicken, die schon seit 1415 ihr eigenes Biersüppchen kochen dürfen. Landgraf Johann IV. von Leuchtenberg gestand ihnen im Zuge der Markterhebung dieses besondere Recht zu. Windischeschenbach besitzt seit dem Jahr 1455 das Braurecht. Falkenberg erhielt den entsprechenden Freibrief 1467 von Abt Nikolaus IV.

Man kann übrigens leicht erkennen, wer gerade Zoigl ausschenkt. Und das nicht nur, weil es dort meist hoch hergeht. Ein Braustern, der vor dem Haus baumelt, zeigt den Ausschank an. Von diesem Brauch leitet sich übrigens auch der Begriff Zoigl ab, der mundartlich ausgesprochen so viel wie Zeiger heißt. Der Stern „zoigt" also an, wer gerade frisches Bier hat. Früher wurde der Zoigl mit dem Wasser der (Tirschenreuther) Waldnaab gebraut. Das ist längst nicht mehr der Fall. Doch hartnäckig halten sich Erzählungen von Zoigl-Pantschern, die ihren Zoigl mit Flusswasser strecken wollten und aus Versehen kleine Fischlein in den Krügen mitservierten.

Eine Spezialität der nördlichen Oberpfalz ist „der" Zoigl, ein naturtrübes, bernsteinfarbenes Bier. Die Würze wird in Kommunbrauhäusern gebraut und dann daheim zu Bier vergoren. Das Foto links entstand im Windischeschenbacher Brauhaus.

Im Waldnaabtal gibt es noch drei Kommunbrauhäuser, in denen wie anno dazumal die Würze für den Zoigl von brauberechtigten Bürgern hergestellt wird. Ein Gemisch aus geschrotetem Gerstenmalz wird auf bestimmte Temperaturstufen unter ständigem Rühren erhitzt, um die Enzyme zu aktivieren und die schwer löslichen Bestandteile aus dem Malzschrot herauszulösen. Das Bild links oben zeigt den Blick in das Falkenberger Brauhaus. Im Kühlschiff, einer großen Pfanne, kühlt der Sud für das Bier über Nacht ab, dann holen ihn die Brauberechtigten ab und vergären ihn selbst mit Hefe zu Bier. Das Bild links unten zeigt das Kühlschiff im Windischeschenbacher Kommunbrauhaus.

Wenn das Falkenberger Brauhaus qualmt und raucht, wissen die Bürger: Es wird wieder Zoigl gebraut (rechte Seite, links oben). Wenn das Kommunbier fertig ist und ausgeschenkt wird, hängen die Brauberechtigten einen Zoiglstern vor das Haus (rechte Seite, links unten). Man trifft sich dann zum gemütlichen Beisammensein mit einer deftigen Mahlzeit und von Stunde zu Stunde steigt die Stimmung. Natürlich wird sich hier nur gedutzt und Nicht-Oberpfälzer Gäste werden freundlich aufgenommen.

Bild rechts oben: Norbert Neugirg (Dritter von rechts) mit seiner „Altneihauser Feierwehrkapell'n". Die Gauditruppe, die in der Zoiglwirtschaft Schafferhof in Neuhaus ihr Hauptquartier hat, ist nach der früheren Waldnaabtal-Burg Altneuhaus benannt.

Brauhaus

Die Autoren

Der Fotograf

Schon als Kind verbrachte Siegfried Steinkohl die meiste Zeit draußen in der Natur mit Schmetterlinge fangen, Frösche beobachten und Steine sammeln. Der Geburtsort Erbendorf liegt im Naturpark Steinwald am Südrand des Fichtelgebirges und bot dadurch die beste Voraussetzung zur Naturbeobachtung. Blumenwiesen und sumpfige Flussauen waren damals noch alltäglich. Die erste Kamera, eine Praktika, bekam er mit 16 Jahren und seitdem ließ ihn das Fotografieren nicht mehr los.
Während der Familiengründung mit seiner Frau Rita (vier Kinder gingen daraus hervor) und dem Aufbau einer Praxis als Landarzt in Friedenfels, ebenfalls in der alten Heimat im Steinwald, kam es zu einer Schaffenspause, bis es ihn dann nach dem 40. Lebensjahr in die Welt hinauszog. Die Reisefotografie in exotischen Ländern, wie Venezuela, Pakistan, Jemen, Island und anderen, zog ihn am meisten in ihren Bann, bis er dann wieder seine Heimat, den Steinwald, entdeckte. Das Ergebnis war sein erstes Fotobuch über den Naturpark Steinwald, das er gemeinsam mit Wolfgang Benkhardt 2020 schuf. Seit der Berentung im Jahr 2018 verbringt er wieder viel Zeit draußen in seiner geliebten Natur und daraus ist wieder gemeinsam mit Wolfgang Benkhardt das zweite Buch mit dem Titel „Wildromantisches Waldnaabtal“ entstanden.

Der Texter

Wolfgang Benkhardt, Jahrgang 1964, ist leitender Lokalredakteur bei der Tageszeitung „Der neue Tag“ des Verlagshauses Oberpfalz-Medien. Der in Weiden i. d. OPf. geborene und in Pressath im Landkreis Neustadt a. d. Waldnaab aufgewachsene Journalist wohnt mit seiner Frau, den beiden gemeinsamen Kindern und einem Hund in Erbendorf am Fuße des Steinwalds. Das Erkunden der eigenen Heimat ist für ihn der schönste Ausgleichssport zum stressigen Presseberuf. Seit Ende der 1990er Jahre versucht er, als Autor und Herausgeber von heimatkundlichen Publikationen sowie historischen Theaterstücken auch andere für die Schönheiten und Besonderheiten seiner Oberpfälzer Heimat zu begeistern. Besonders am Herzen liegen ihm dabei die beiden Naturparke Steinwald und Nördlicher Oberpfälzer Wald, die sich direkt vor seiner Haustür befinden.
Als die Möglichkeit bestand, mit Fotograf Dr. Siegfried Steinkohl nach der erfolgreichen Zusammenarbeit beim Bildband „Steinreich – Naturpark Steinwald“ auch einen Bildband über das wildromantische Waldnaabtal herauszubringen, musste er gar nicht lange darüber nachdenken. Das Waldnaabtal, das er schon als Kind erstmals erkundet hat, übt auf ihn immer noch eine besondere Faszination aus. „Trotz zahlreicher Wanderungen und Radtouren in dieses Flusstal sind Ausflüge dorthin immer noch besondere Höhepunkte“, erzählt er.

Zu guter Letzt

Der Dank der Autoren geht an die

Stadt Windischeschenbach, die Gemeinde Falkenberg, die Stadt Erbendorf, die Gemeinde Krummennaab für die Hilfe bei der Umsetzung des Projekts, Maximilian Steinkohl (Medienproduktion und Medientechnik) für die Landkarte, die Bayerische Staatsforsten Waldsassen für die Fahrtgenehmigungen, Revierförster Mathias Gibhardt für seine Ratschläge, dem Battenberg Gietl Verlag für das Vertrauen und natürlich unseren Familien für die Geduld während der Arbeit am Buch.

Quellenangaben:

Johann Schober, „Sagen und Legenden aus dem Waldnaabtal", Johannisthal/Windischeschenbach im Eigenverlag 2003

Tourismuszentrum Oberpfälzer Wald, Landkreis Tirschenreuth, (Hrsg.) in Zusammenarbeit mit dem Tourismuszentrum Oberpfälzer Wald, Landkreis Neustadt a. d. Waldnaab, „Das Waldnaabtal – natürlich und sagenhaft", Tirschenreuth 2016

Tourismuszentrum Oberpfälzer Wald, Landkreis Tirschenreuth, (Hrsg.) in Zusammenarbeit mit dem Tourismuszentrum Oberpfälzer Wald, Landkreis Neustadt a. d. Waldnaab, „Das Waldnaabtal", Tirschenreuth 2020

Geo-Zentrum an der KTB, www.geozentrum-ktb.de, Juni 2021

Naturschutzgebiet Waldnaabtal, https://de.wikipedia.org/wiki/Naturschutzgebiet_Waldnaabtal, Juni 2021

Bildhinweise:

Seite 11: Maximilian Steinkohl Medienproduktion und Medientechnik
Seite 90 rechts oben und Seite 126 unten: Wolfgang Benkhardt
Seite 125 rechts oben: Christian Höllerer
alle anderen Fotos Dr. Siegfried Steinkohl

Unsere schöne Natur – Heimat voller Wunder!

Klein, aber fein, so kann man den zweitkleinsten Naturpark in Bayern beschreiben. Eingebettet zwischen Fichtelgebirge und Oberpfälzer Wald liegt er im Norden der klimatisch rauen Oberpfalz. In Millionen von Jahren haben Wind und Wetter aus dem harten Steinwaldgranit imposante Felsburgen herausmodelliert. Weithin sichtbar ragt über den dunklen Waldwipfeln das Wahrzeichen des Steinwaldes, die Burgruine Weißenstein, empor. Ein umfangreiches Wandernetz durchzieht den Naturpark, darunter die Fernwanderwege „Goldsteig" und „Fränkischer Gebirgsweg". Sie führen zu Hochmooren, rauschenden Bergbächen, eindrucksvollen Felstürmen und faszinierenden Plätzen. Angekommen auf der Platte (946 Meter) bietet der Oberpfalzturm einen Rundblick über das Fichtelgebirge bis zum Oberpfälzer Wald und nach Tschechien.

Wolfgang Benkhardt & Siegfried Steinkohl
Steinreich – Naturpark Steinwald
1. Auflage 2020, 128 Seiten, Format 27 x 24 cm, durchgehend farbig, Hardcover
ISBN 978-3-95587-079-9 · Preis: 19,90 €

Heimat
battenberg
gietl verlag

Battenberg Gietl Verlag GmbH
Postfach 166 · 93122 Regenstauf
Tel. 0 94 02 / 93 37-0 · Fax 0 94 02 / 93 37-24
E-Mail: info@battenberg-gietl.de

Unser komplettes Programm
mit Leseproben finden Sie unter:
www.battenberg-gietl.de/heimat